JABEZ

THOM LEMMONS

JABEZ

VOCÊ CONHECE A ORAÇÃO... EIS AGORA A HISTÓRIA

Tradução de
GILSON B. SOARES

EDITORA RECORD
RIO DE JANEIRO • SÃO PAULO
2003

CIP-Brasil. Catalogação-na-fonte
Sindicato Nacional dos Editores de Livros, RJ.

L573j Lemmons, Thom
Jabez: você conhece a oração..., eis agora a história / Thom Lemmons; tradução de Gilson B. Soares. – Rio de Janeiro: Record, 2003.

Tradução de: Jabez
ISBN 85-01-06445-9

1. Jabez (Personagem bíblico). 2. Judeus – História – Até 586 a.C. 3. Bíblia. A. T. Crônicas. I. Soares, Gilson Baptista. II. Título.

03-0485 CDD – 813
CDU – 821.111(73)-3

Título original norte-americano
JABEZ

Publicado mediante acordo com WaterBrook Press, uma divisão de Random House, Inc. 2375 Telstar Drive, Suite 160, Colorado Springs, Colorado 80920 EUA

Os textos das citações bíblicas foram reproduzidos de *A Bíblia Sagrada*, tradução de João Ferreira de Almeida, com referências e algumas variantes, edição revista e corrigida na grafia simplificada, 37ª impressão, Imprensa Bíblica Brasileira, Rio de Janeiro, 1977.

Capa adaptada da edição estrangeira por Olga Loureiro.
Imagem: ASAP Ltd./Index Stock.

Impresso no Brasil

ISBN 85-01-06445-9

PEDIDOS PELO REEMBOLSO POSTAL
Caixa Postal 23.052
Rio de Janeiro, RJ – 20922-970

Dedicado ao Laity Lodge Artists'
and Writers' Retreat,
julho de 2001.

Nos dias dos Juízes, porém, os filhos de Israel tornaram a fazer o que parecia mal aos olhos do Senhor; então o Senhor esforçou a Eglom, rei dos moabitas, contra Israel. E os filhos de Israel serviram a Eglom dezoito anos. Então os filhos de Israel clamaram ao Senhor, e o Senhor lhes levantou um libertador, Eude, filho de Gera, benjamita, homem canhoto. E os filhos de Israel enviaram pela sua mão um presente a Eglom.

E foi Jabez mais ilustre
do que seus irmãos...

... e sua mãe chamou seu nome
Jabez,
dizendo: porquanto com dores
o dei à luz.

Porque Jabez invocou o Deus de Israel, dizendo:
Se me abençoares muitíssimo e meus termos amplificares
e a tua mão for comigo,
e fizeres que do mal não seja aflito!...

E Deus lhe concedeu o que lhe tinha pedido.

SUMÁRIO

CAPÍTULO UM

O NOME

A primeira coisa de que me lembro é de minha mãe chorando. Às vezes acho que ela me alimentou com suas lágrimas em vez de com seu leite materno. Mesmo então, muito antes que ela me contasse a história de minha origem, acho que tentei adivinhá-la em seus olhos. Uma criança vê muitas coisas às quais não sabe dar nome.

E depois, quando já crescera o suficiente, eu a ouvi no escárnio dos outros garotos na aldeia: "Ei, Garoto-Dor, me dói só de olhar para você." Eu era pequeno para minha idade e um alvo fácil de provocações. Eles me empurravam, me batiam, me faziam rolar no chão. Diziam-me que era para fazer jus ao meu nome. Diziam isto com um riso torpe e com um dos lábios arrebitado. Meus irmãos, em especial, usavam meu nome desta maneira. Como uma chibatada nas minhas nádegas ou um monte de esterco atirado a meus pés.

Eu gostava quando os amalequitas apareciam. Eles se agachavam em suas esteiras na praça junto ao poço, com seus camelos amarrados atrás deles. No chão eles espalhavam suas quinquilharias, pacotes de especiarias, totens de divindades e os reluzentes tecidos de lã com estranhos desenhos. Eu adorava vaguear no meio deles, ouvindo a estranha cadência de suas palavras. Quando disse meu nome aos amalequitas, foi apenas um nome. Nas suas línguas estrangeiras, "Jabez" referia-se a mim — a nada mais. Jabez era o garoto que conversava com eles, que queria saber o nome das coisas na língua deles. Ele não era o garoto sem pai, aquele que não se ajustava a lugar nenhum.

Eu sempre ficava triste quando os amalequitas partiam. Ansiava por seguir com eles, meu anseio tão seco e deslocado quanto a poeira levantada por seus camelos. Queria me afastar das provocações, dos olhares de mofa. Fugir do desdém de meus irmãos. E ir para longe do choro silencioso e sombrio de minha mãe.

Como é que um garoto sabe quando ele é a causa da dor? Como pode dar a si mesmo palavras que não tem? Como pode entender a razão pela qual sua presença é uma inconveniência, um dano? Não sei. Mas freqüentemente, quando ouvia meu nome na boca de alguém que me conhecia, a inconveniência me esbofeteava. Meu nome soava melhor para mim quando saía dos lábios dos estrangeiros.

Havia uma velha, Gedilah, que vivia em nossa aldeia. Ela vagueava por Beth-Zur, conversando como se tivesse alguém a seu lado, mas quase sempre estava só. Costumava sentar-se ao lado de minha mãe quando ela estava moendo grãos. Conversava com ela. Ninguém mais em Beth-Zur se sentaria para conversar com minha mãe.

Às vezes eu via Gedilah em seu caminho para o poço, passando além de nosso lote de oliveiras macilentas. Vez por outra, quando eu estava limpando as ervas daninhas de nosso canteiro de grão-de-bico ao lado da estrada, ela parava e acomodava as ancas velhas e secas em cima do muro de pedra com um grunhido. A mulher encurvada começava então a falar comigo. Por quê, não sei.

Gedilah falava como alguém que estivesse retomando uma conversa que começara em outra ocasião. Ela ainda tinha alguns dentes na boca, mas nenhum na frente. Os lábios coriáceos mastigavam as palavras, o que tornava difícil entendê-la. Enquanto falava ela olhava fixamente para o horizonte, para os morros cor de palha, vincados de um débil verde, que circundavam Beth-Zur. Gedilah me contava histórias, mas nunca olhava para mim.

Eu não conhecia ninguém na aldeia mais velho que esta mulher. Ela falava sobre os dias de sua mãe, quando nosso povo tinha vagueado pelo deserto, uma época antes que viéssemos para o território entre o Mar Salgado e o Grande Mar. Um deus tinha seguido nosso povo através do deserto, disse ela, ou talvez tivesse dito que o deus o guiara. Por que este deus adquirira tal interesse, ela não explicou. Nem mesmo disse o nome do deus. Certa vez, quando perguntei a ela, disse que o deus não tinha nome. Ou talvez sua mãe tivesse dito a ela, mas havia esquecido. À noite era um deus do fogo, de dia era um deus da poeira, um redemoinho altaneiro, alegava ela.

"De que vale um deus sem nome?", perguntei a ela uma vez. "Como pode falar com ele? Como pode perguntar-lhe coisas?"

Todos na aldeia tinham alguns deuses que mantinham num canto escuro e seguro da casa. Eram de madeira, barro ou pedra. As pessoas os poliam com azeite, sussurravam em seus ouvidos e os enfeitavam com penas ou pedaços de pano ou borrões de tinta. Meu irmão mais velho tinha um, que carregava todo ano para as oliveiras pouco antes das chuvas de inverno; era uma mulher sentada com seios fartos. Para mim mais parecia um pequeno copo de água gorduroso, mas ele dizia que era a Grande Dama de Moab e que o seu útero era a terra. Ele mantinha a bacia cheia de azeite no colo dela, e às vezes acrescentava-lhe sangue de pombo ou texugo. Dizia que ela iria proteger nossas oliveiras e torná-las férteis. Pelo aspecto de nossas oliveiras a maior parte do tempo, às vezes eu me perguntava por que ele não tentava outros deuses.

Mas o deus do deserto, a mulher disse, não tinha nome nem imagem.

"Para que um deus do deserto precisaria de uma imagem?", ela disse. "Ele sopra como vento; ele bruxuleia no calor. Ele é. Isto é tudo que posso dizer."

Talvez fosse por isto que durante muito tempo nunca ouvi ninguém, senão a velha, falar sobre este deus. Para que precisaríamos de um deus do deserto? Não éramos mais nômades. Nosso povo tinha se estabelecido. Tínhamos bosques, vinhedos e campos. Tínhamos rebanhos. Precisávamos de deuses para semear e frutificar, não para perambular.

Ainda assim, alguma coisa em mim ansiava por perambular. Nas noites de verão, quando o calor nos forçava a ir para o telhado da casa, usando apenas a peça de roupa mais essencial, e a jazer como farrapos na esperança de um sopro de brisa, eu me deitava de costas e fitava as estrelas. Elas pairavam próximas, brilhavam como lágrimas nos olhos de uma criança machucada. Tentava imaginar seus nomes, tentava gritar para elas. Eu queria saber o que elas sabiam, ver todas as terras que elas podiam ver. Ficava deitado imóvel e ouvia. Às vezes achava que podia ouvir — alguma coisa. Talvez fosse o calor cantando na minha cabeça. Poderia também ter sido somente o estridular do meu próprio sangue. Mas poderia ter sido algo mais.

Minha mãe não era feia nem bonita, embora eu suponha que algum dia ela tenha sido uma mulher atraente. Era de estatura mediana, mas na minha memória é sempre baixinha. Mesmo quando criança, eu sentia necessidade de protegê-la, do modo como a gente protege bebês ou pessoas enfermas. Como eu era o caçula da família, cabia-me ser pau para toda obra. Era o moleque de recados, seu auxiliar. Eu lhe servia de criado e fazia tudo para ela. Se bem me lembro, ela me bateu apenas uma vez em minha vida, e acho que mereci apanhar. Ela falou asperamente comigo pouquíssimas vezes. Mas também não me lembro de ter sorrido ou cantado para mim. Acho que teria suportado uma surra por dia se isto me valesse um sorriso dela.

A minúscula cabana de Gedilah não ficava longe da nossa. Às vezes ela aparecia e ajudava minha mãe a fiar ou a bater manteiga. De vez em quando, minha mãe me mandava levar comida para ela ou um pouco de azeite numa pequena sacola. Gedilah e minha mãe conversavam sobre épocas anteriores a meu nascimento. Certa vez ouvi Gedilah dizer à minha mãe: "Se ele estivesse vivo, esta criança não estaria." Minha mãe olhou para mim e Gedilah não disse mais nada. Deu um tapinha em minha cabeça quando saiu.

Meus irmãos não se importavam com minha mãe. Desde que houvesse comida na panela e suas sandálias fossem remendadas, eles se entregavam às próprias preocupações. Acho que teriam se esquecido dela, se pudessem. Mas ela permanecia ali, como um lembrete constante. E como se não bastasse, também eu estava ali. Na maior parte do tempo, me ignoravam.

Notei, ainda criança, que quando ia com ela ao poço as outras mulheres viravam-lhe o rosto. A conversa se dissolvia quando nos aproximávamos e era retomada depois quando nos afastávamos. As outras mulheres ajudavam umas às outras a colocar seus cântaros e vasos nas cabeças. Minha mãe só contava comigo.

Às vezes eu também desejava ignorá-la. Vez por outra, o silêncio que a circundava deixava-me envergonhado, triste ou deslocado. Mas agora sei por que não podia tratá-la como os outros faziam: era porque ela, pelo menos, me via. Mesmo que me olhasse com os olhos cheios de lágrimas, minha mãe não virava o rosto do modo como todos faziam. Mesmo que a linguagem mais empregada entre nós dois fosse o silêncio, era melhor do que escárnio. Uma dieta pobre para alguém tão faminto, mas era melhor que nada.

Com freqüência, à tardinha, ela ia sozinha para as colinas. Algumas vezes eu a seguia, de longe. Quando o sol estava tocando a orla do mundo, ela caminhava sob a luz alaranjada, descia a estrada até se desviar do caminho que levava aos pastos de Tubal e seus filhos. Aí seguia o tortuoso aclive da ravina até o alto das colinas, achando seu caminho por entre as pedras. Vez por outra parava para soltar as roupas de um arbusto espinhoso ou dos espinhos das sarças que aderiam às rachaduras secas entre os penedos. Ela subia até chegar ao cume da colina de Zur. Prosseguia até o ponto mais alto e olhava fixamente para oeste.

Ficava parada ali por longo tempo, tão imóvel e ereta como um poste, até que o sol tivesse caído abaixo da orla da terra e a noite violácea começasse a se arrastar do leste. Eu via seus lábios se movendo, mas nunca estive próximo o suficiente para ouvir qualquer som. Às vezes, me parecia que os olhos dela se fechavam. E então, após um instante, alguma coisa secreta a puxava para dizer-lhe que o tempo havia se esgotado. Ela então voltava pelo mesmo caminho pelo qual viera. E eu escapulia de sua vista para chegar em casa antes dela.

Acho que fui o único a ver minha mãe realizar seu ritual solitário e silencioso. Provavelmente, porque ninguém mais se importava com ela. Quando voltava, eu tentava ler seu rosto sem que ela percebesse. Tentava ver se o tempo passado no topo da colina produzira alguma mudança. Mas nunca consegui ver nada.

Na infância tive um certo sonho recorrente com minha mãe. No sonho estou atravessando a porta de nossa casa, carregando alguma coisa — um pote de azeite, um saco de farinha, não sei — para ela. Quando entro, minha mãe está sentada em sua esteira, e coisas pretas estão voando ao redor de sua cabeça. A princípio penso que são pássaros, mas quando olho mais de perto, vejo que as coisas têm muitas pernas e corpos articulados, como insetos. Seu vôo produz um estalido, como de ossos secos chocalhando. Tento gritar, mas nenhum som sai de minha boca.

Ela está olhando para mim e estendendo os braços, mas não posso ir até ela porque sei que vai me abraçar e as coisas pretas também vão me envolver. Deixo na casa o que estou carregando e corro para fora, mas em vez de seguir pela rua de nossa aldeia, estou correndo para uma montanha de areia, do tipo que eu tinha visto até então nos dejetos do Arabah. Nunca presenciei tal visão na infância, mas é assim que são os sonhos. Estou subindo a montanha de areia, mas a cada passo a areia fofa afunda sob meus pés. Não consigo progredir. Quando canso de tentar correr na areia e estou ofegante, paro e dou meia-volta. Lá está minha mãe, de pé na base da montanha de areia, ainda estendendo os braços para mim. As coisas pretas esvoaçantes se foram agora, mas receio que voltem. Quero ir até minha mãe, mas sinto medo. Sento na areia e choro.

Toda vez que era acordado por este sonho sentia uma tristeza terrível, como um fardo pesado atado ao peito. Às vezes, no escuro, eu prendia a respiração e tentava ouvir o estalido. Se soubesse o nome de um deus dos sonhos, teria pedido a ele que expulsasse este sonho e nunca o deixasse voltar. Eu lhe teria dado azeite e um pedaço especial de carne. Mas eu não sabia o nome de nenhum deus dos sonhos.

CAPÍTULO DOIS

O VÍNCULO

Acho que foi por volta de meu décimo verão que meu irmão mais velho acolheu uma esposa. Ela era filha de Rekem, o coletor de estrume de uma perna só. Não foi uma boa combinação para nenhum deles, mas provavelmente era o melhor que poderiam fazer. Que dote meu irmão poderia pagar, não tendo nada mais que um pequeno lote de oliveiras, uma plantação de cevada, umas poucas videiras rebeldes e um canteiro de grão-de-bico? Que dote poderia Rekem mandar com sua filha? Rekem passava os dias manquejando com um cesto, enchendo-o com as bolinhas que caíam das ovelhas e bodes dos outros homens e as volumosas tortas despejadas por suas vacas. Ele espalhava o estrume para secar ao sol e depois o vendia ou trocava por comida. Talvez meu irmão contasse obter do sogro combustível de graça dali em diante. Talvez Rekem pensasse que ter participação em nossa deplorável terra fosse melhor do que nada.

Ahuzzah, a noiva de Jashub, era baixa e roliça, como a deusa moabita de meu irmão. Não sei como ela conseguia ser tão gorda perante as parcas refeições da família. As bochechas eram tão espessas que eu raramente via seus dentes, mesmo quando ela sorria ou comia. Ela comia com mais freqüência do que sorria.

Não houve festa — nada de comes e bebes e troca de votos em voz alta. Meu irmão limitou-se a entregar a Rekem sua sandália e em seguida trouxe a noiva para nossa casa. Quando minha mãe viu os dois chegando, apressou-me para fora de casa. Os cântaros de água estavam cheios, mas ela disse que precisávamos ir ao poço. No momento em que nos aproximávamos de casa, ela chamou meu irmão. Achei estranho e olhei para ela, mas minha mãe fez que não entendeu. Quando entramos, meu irmão estava sentado ao lado da lareira, alimentando com lenha um azulado anel de fumaça. Ahuzzah se encontrava na esteira dele, limpando as unhas com uma das facas de bronze de minha mãe.

"O que há para comer?", Ahuzzah perguntou.

A lua encheu e minguou nove vezes, e Ahuzzah deu um filho a meu irmão. Ela começou a falar sobre isso antes do fim daquele primeiro verão, talvez duas luas cheias após Jashub tê-la trazido para viver com ele. Fiquei surpreso; eu não notara qualquer aumento na sua barriga, como habitualmente acontece com as mulheres. Mas imagino que o intumescimento estivesse todo no interior dela. Se ela houvesse inchado um pouco mais, explodiria como um melão deixado por demasiado tempo ao sol.

Assim que Ahuzzah teve certeza da criança em seu útero, não se incomodou com nada mais do que se servir de uma caneca de água da jarra. Jashub mantinha-se ocupado com as árvores e colheitas — algo que o distanciava dos enjôos e resmungos da esposa. Meus outros irmãos, Ishma e Anani, construíram para si uma meia-água nos fundos da casa só para que não tivessem de dormir todos no mesmo cômodo. Eu estava contente por já ter idade para trabalhar no campo e no pomar. Era melhor ser atormentado e escorraçado por meus irmãos do que importunado por Ahuzzah. Mas todo o peso de sua manutenção recaía sobre minha mãe, e Ahuzzah a usava como um burro de carga.

O dia inteiro ela desabava ruidosamente em sua esteira como um saco de areia molhada. Ela mandava minha mãe arranjar um trapo molhado para pôr na nuca, ou gemia por um pedaço de pão banhado no azeite. "Poderia por favor, mãe Libnah...", ou "Oh, mãe Libnah, se eu apenas tivesse..." Ela ia sozinha à latrina, o que já era alguma coisa.

O bebê chegou no outono, pouco depois das primeiras chuvas. Foi de repente; não deu tempo nem de minha mãe me mandar chamar Gedilah. Acabei tendo de ajudá-la no parto. Ahuzzah berrava como se estivesse sendo esfolada viva.

Minha mãe extraiu o minúsculo e sangrento fardo do meio das pernas escorregadias de Ahuzzah. Ela amarrou o viscoso e purpúreo cordão umbilical com fio de lã limpo e cortou-o com a sua melhor faca. Chamou meu irmão, que andava de um lado para outro, para vir até onde o bebê estava deitado, na lisa pedra da sorte próxima ao fogo. Jashub olhou por um momento para sua arquejante esposa e depois pegou o filho. Segurando o bebê afastado dele como um nó de trapos enlameados, disse: "Seu nome é Raboth, que significa Fartura."

As chuvas foram boas naquele ano e a colheita de azeitonas um pouco melhor do que o usual, de modo que era certamente um nome tão bom quanto qualquer outro. Quando meu irmão pronunciou o nome, ele de repente fez uma expressão desagradável. Jashub devolveu o filho aos braços de minha mãe e quase correu porta afora, sacudindo o escuro e oleoso resquício do recém-nascido da mão. Minha mãe começou a limpar o bebê e a esfregá-lo com sal.

Jashub mandou circuncidar o pequeno Raboth no oitavo dia, principalmente para agradar minha mãe. Ela teve de mandá-lo até Hebron, para o velho que conhecia o ritual. Ele disse algumas palavras que não consegui entender, depois fez um movimento rápido com a lâmina. Raboth deu um grito e o velho espalhou carvão no ferimento. Ahuzzah ofereceu um dos seios ao bebê e o ruído de sua sucção rapidamente inundou o cômodo. Minha mãe deu ao velho um frasco de azeite, um pouco de queijo e agradeceu-lhe por ter vindo. Acho que meu irmão pegou a minúscula prega de pele e a queimou para o seu deus.

Olhei, de certo modo fascinado, para aquele garoto que parecia um rato esfolado. Observei Raboth se retorcer e gritar enquanto seu cinteiro era trocado. Vi quando Raboth conquistou a primeira das pequenas liberdades que um dia o soltariam na idade adulta: rolando de costas para ficar de bruços, contorcendo-se pelo chão como uma salamandra, erguendo-se de quatro para cambalear como um cachorrinho desajeitado.

Ele era tão indefeso como um gato cego. Fazia cocô e ficava sujo no chão até minha mãe limpá-lo ou o fedor se tornar tão forte que a própria Ahuzzah se incumbia da tarefa. Vomitava leite talhado pelo queixo abaixo. Tínhamos de ficar constantemente de olho nele para que não caísse na lareira ou derrubasse um cântaro sobre si mesmo. Se achasse um torrão de terra, iria comê-lo como se fosse um pedaço de pão.

Mas para compensar todas as suas deficiências, toda a sua dependência de todos e de tudo no seu pequeno mundo, ele possuía algo que eu nunca teria. Quando meu irmão o pegou da pedra da sorte e pronunciou seu nome, ele deu a Raboth um lugar e um futuro. Este lactente chorão e odoroso seria herdeiro de Jashub. Ele levaria adiante o nome de meu irmão. Possuía a bênção de um pai. Pertencia a alguma coisa.

Pensei no meu pai. Por que permitira que minha mãe me desse um nome que era pior do que não ter nome algum? Teria ele sabido de meu nascimento? Ninguém nunca me falou dele, nem mesmo meus irmãos. Especialmente meus irmãos. Pelo menos já eram crescidos o bastante quando ele morreu para se lembrarem de algo a seu respeito. Mas para mim meu pai era um vazio, um nada. Sua falta me amarrava, fixava os limites do que eu poderia me tornar. A ausência deste homem que nunca conheci me pusera atrás de uma cerca, e eu nada podia fazer para alterar isso.

Raboth crescia tão gordo e liso como uma pequena lagarta. Ahuzzah o acarinhava e o sacudia no colo. Ele subia nela como se a mãe fosse um grande e macio travesseiro. Enfiava os dedos na boca e nos ouvidos dela. Balbuciava no rosto da mãe e babava nas bochechas dela, e Ahuzzah ria e brincava com os dedinhos dele. Observá-la com o filho me fez gostar de Ahuzzah como nunca antes.

Quando já crescera o bastante para deambular com as pernas arqueadas, Raboth, às vezes, tentava me seguir. Ele tagarelava até que eu me voltasse para fitá-lo. E estendia os braços para mim.

— Não, Raboth. Você tem de ficar aqui.

Ele ficava com raiva e cerrava os punhos. Avançava para mim e sua pressa o fazia tropeçar. Ele sentava-se rígido na terra e abria o berreiro com fúria infantil, fazendo-me rir.

— Desculpe, pestinha. Só quando estiver mais velho.

Ahuzzah aparecia e o segurava nos braços. Lançava-me um olhar de censura e depois o carregava para qualquer canto onde ela estivesse empoleirada. Raboth berrava e tentava sair dos braços dela.

Uma noite, pouco antes da ceia, eu a ouvi pedir a Jashub para me manter afastado do menino. "Raboth é do seu sangue, não daquele meio-irmão", ela disse. "Ele nada tem a ver com seu filho." Jashub ficava de olho em tudo mais que Raboth estava fazendo, como sempre agia quando ela falava com ele. Entretanto notei que começou a me olhar de modo diferente depois disso.

Na primavera seguinte, os amalequitas trouxeram uma coisa nova quando desembrulharam suas mercadorias: o metal duro do povo do mar. Eles tinham facas, podões, até mesmo algumas foices. Aço, era como eles o chamavam, e era mais duro do que o melhor dos bronzes. Meu irmão e todos os homens em Beth-Zur o cobiçavam. Mas ele era muito caro e até mesmo o velho Tubal só pôde obter umas poucas foices e algumas lâminas de tosquia para os pastores de seus filhos. Somente o povo do mar conhecia o segredo de sua fundição, os amalequitas diziam, e guardavam este conhecimento com mais zelo do que guardavam suas esposas. Os amalequitas diziam que as ruas das cidades do povo do mar ressoavam com aquelas coisas. Nas amplas estradas que corriam ao longo da costa do Grande Mar, os príncipes do povo do mar viajavam em carruagens com rodas de raios de ferro. Eu não conseguia imaginar tamanha riqueza.

Naquela primavera, a primavera do ferro, principiou o roubo de gado a leste de nós. Alguns dos homens na praça começaram a falar acerca de gado perdido durante a noite, de pastores estripados e deixados aos chacais e às aves de rapina nas colinas. Começamos a ver a farrusca de fogueiras distantes e a sentir o cheiro de fumaça no vento que vinha dos desertos a leste. Refugiados dos clãs do outro lado do Mar Salgado apareceram, alguns com ferimentos apressadamente enfaixados, outros carregando seus mortos e moribundos. Os olhos deles eram como os de um cervo capturado num laço. Eglom de Moab havia se levantado contra eles, diziam. Ele atravessou o rio Arnon com seus mercenários amonitas e amalequitas e saqueou Aroer, Dibon e Kiriathaim. Fez com que as mulheres presenciassem a morte de seus homens e depois as entregou aos soldados.

"Ele virá aqui", disseram. "Está de olho nas terras férteis do outro lado do Jordão."

Meus irmãos, Ishma e Anani, estavam secos por uma luta.

— Temos de nos armar — disse Anani. Ele era magro e esguio como um cabrito selvagem, mas os músculos dos braços eram fibrosos e rijos, como nós em tira de couro cru. A barba mal começara a crescer em tufos penugentos na linha inferior do queixo. — Nosso povo já tomou esta terra uma vez. Podemos tomá-la de novo.

Ishma disse a mesma coisa. Certamente as pessoas em outras aldeias estavam se reunindo para traçar planos, ele disse, e assim devíamos fazer. Os homens de Judá não deviam ter medo de enfrentar Eglom. Seríamos um zero à esquerda, a ponto de o rei dos moabitas nos pisotear sem temor? Éramos ou não parentes dos clãs de Rubem e Gad? Permitiríamos que estrangeiros os saqueassem? Eu os ouvi naquela noite na sua meia-água, falando em voz baixa mas firme. Contavam um ao outro as velhas histórias de pai Caleb e da tomada de Hebron e Debir, de Otoniel e de seu destronamento de Cushan, o Malvado em Dobro.

Mas Jashub olhou para a esposa e o filho, dormindo no canto, e não deu ouvidos à conversa de guerra dos irmãos mais novos. Beth-Zur era um lugar pequeno, ele disse. Não interessava a Eglom. Por que deveríamos nos preocupar com o que acontecia em Rubem ou Gad, ou mesmo na Cidade das Palmeiras? Ele tinha oliveiras para cuidar aqui e safra para colher nos campos. Não tinha tempo de ir a qualquer outro lugar e combater pelos apuros de outra gente.

— Não sei por que as canções de batalha soam tão alto no sangue dos homens jovens — minha mãe disse certa vez a Gedilah.

Jashub me chamara à casa para juntar as cinzas da lareira e em seguida espalhá-las no canteiro de grão-de-bico. As duas mulheres estavam recostadas na parede do lado de fora de uma das janelas, catando seixos e palha de uma longa gamela de cevada. Era uma das ocasiões em que a mente de Gedilah não estava vagueando por lugares desconhecidos. Eu colhia as cinzas com as mãos e ouvia.

— Às vezes fico imaginando como pode haver alguém ansioso por matança.

— Sempre houve matança — disse Gedilah. — E sempre haverá.

Fui enchendo o cesto com as cinzas e observei enquanto o fino pó se elevava para ficar pairando no ar. Ele se assentaria num instante; deixaria um traço débil e cinzento sobre as jarras de água no canto, sobre a concha de madeira que minha mãe usava para mexer a panela de ensopado. A água seria bebida e o ensopado comido. O pó seria peneirado na pilha de lã que minha mãe gradualmente transformava em fio para tecer nossas roupas. Eu espalharia as cinzas no canteiro de grão-de-bico e elas se tornariam parte das plantas, parte de nosso alimento. As sobras do fogo se tornariam parte de nós, parte das redondezas, como a fuligem nas vigas toscas que sustentavam o teto baixo.

— Assim são os homens — disse Gedilah. — Os jovens aprendem com os mais velhos.

— Eles deviam lhes ensinar outras coisas — disse minha mãe. — Certamente há outras coisas.

O cesto estava quase cheio. Ainda assim sentei-me ao lado da lareira, ouvindo as vozes de minha mãe e de Gedilah, deixando que o som de suas palavras fosse peneirado em mim como as cinzas se assentando. Tentei me imaginar um soldado. Como seria marchar para o norte com Ishma e Anani e os outros homens, acampar a céu aberto? Queria saber que histórias os combatentes contavam uns aos outros. E também se entoavam canções para estimular sua coragem.

— Eles ensinam coisas até mesmo quando não estão tentando — disse Gedilah. — Não conseguem evitar.

— Como meu marido me ensinou a amargura da desconfiança?

— Ora, Libnah! Está querendo reabrir aquela ferida?

— Que diferença faz? A ferida nunca me abandona.

— E você a passou para seu filho.

Minha mãe nada mais disse depois disso.

Se um homem se saísse bem numa batalha, alguém se importaria com seu nome, com o seu pai? Se ele salvasse a vida de seus camaradas e lutasse bravamente por seus parentes e clã, seu passado faria alguma diferença? Talvez fosse por isso que Ishma e Anani estavam ansiosos por seguir para o norte. Eles queriam a chance de reclamar os direitos dos homens que trabalharam arduamente e ganharam sua recompensa. Se eu fosse mais velho e tivessem me permitido, teria ido com eles.

Partiram no período mais ameno da primavera. Com talvez vinte outros homens de nossa aldeia, eles seguiram para se alistar num vale bem ao sul de Gilgal. Um exército de mais ou menos mil homens foi formado pelos clãs de Judá e Benjamin para avançar contra Eglom, ouvimos mais tarde. Estavam armados de enxadas, facas de tosquiar, qualquer coisa que pudessem encontrar. Alguns dos mais abastados tinham espadas de ferro e escudos de madeira forrados de couro de boi. Eglom acabara de tomar a Cidade das Palmeiras, e o plano deles era atacar enquanto ele ainda estava num lugar sem muralhas. Não me recordo do nome de quem os liderou. Talvez houvesse um líder para cada tropa. Os planos de um grande número de generais explicariam parcialmente o que aconteceu.

Durante vários dias não ouvimos nada. Notei que muitas mulheres de Beth-Zur seguiam com os lábios cerrados e olhares preocupados. Palavras de preocupação eram trocadas no poço; velhos resmungavam e sacudiam a cabeça.

Pouco antes do solstício de verão, alguns viajantes chegaram do norte. Trouxeram as notícias que todos haviam temido, mas ninguém ousara expressar em voz alta: o exército de Israel sofrera uma humilhante derrota.

Mães e esposas lamentavam nas portas das casas. Medo e incerteza pairavam no ar como fumaça. Jashub balançava a cabeça sem dizer nada. Minha mãe passava dias inteiros olhando fixamente para o fogo.

Então, no auge da canícula, alguns homens ressequidos chegaram furtivamente a Beth-Zur durante a noite. Alguns tinham perdido membros, outros ostentavam ferimentos infeccionados parcialmente enfaixados com trapos incrustados de sujeira. Um homem, amigo de Jashub, apresentava uma estria em carne viva onde antes havia sido o lado esquerdo de sua face. Todos eles estavam despedaçados interiormente.

Ishma e Anani estavam entre eles. A mão direita de Anani era uma massa inútil de carne meio curada e osso destroçado. O corpo de Ishma estava ileso, mas ele se movia como um fantoche; os olhos eram poços opacos de desespero.

Lentamente, a história foi contada. Na sua essência estava a traição contra a tropa cometida por algum simpatizante dos moabitas; talvez um dos latifundiários hivitas de Efraim. Houve uma emboscada certa noite quando o exército dormia.

Centenas de homens foram degolados onde estavam deitados. Ishma e Anani escaparam, com um punhado de outros, apenas porque estavam em missão de reconhecimento longe do acampamento. Ficaram escondidos e entocados como animais enquanto os soldados moabitas vasculhavam o interior em busca de quaisquer remanescentes do exército rebelde. Quando chegaram em casa, eles próprios mais pareciam animais selvagens.

Anani finalmente aprendeu a fazer com a mão esquerda o que a direita deformada não podia mais realizar; Ishma viu e ouviu coisas sobre aquela desastrosa campanha que o fizeram acordar aos gritos todos os dias de sua vida.

No outono, quando as chuvas começaram e todas as safras foram colhidas, Eglom enviou três esquadrões de soldados para Beth-Zur. Estavam lá para coletar tributo daqueles que se haviam rebelado contra o justo governo do grande Eglom, disseram. Enquanto observávamos, eles iam de casa em casa, de celeiro em celeiro, e carregavam os grãos que usaríamos para nos alimentar e plantar a safra do próximo ano. Eles tiraram o azeite de nossas prensas, o vinho e as uvas de nossas videiras. Pegaram a melhor parte de nosso rebanho. Um dos nossos protestou contra a quantidade e um soldado o matou diante da esposa e dos filhos.

Três dos quatro próceres da aldeia seguiram com as carroças escoltadas para Jericó. Lá, na Cidade das Palmeiras, tiveram de cair de rosto no chão diante do gordo rei moabita e dizer palavras elogiosas a ele. Tiveram de esfregar cinzas na cabeça e barba. Tiveram de jurar por sua prole que a aldeia de Beth-Zur seria leal ao justo governo do Regente da Grande Dama. E tiveram de prometer fazer tudo isto no próximo ano e nos anos seguintes.

CAPÍTULO TRÊS

A BUSCA

O tributo pago a Eglom estropiou a todos durante os meus anos de transição para a idade adulta e além. Jashub estava certo: ele tinha oliveiras para cuidar e safras para colher. Mas agora o melhor das azeitonas e a primeira colheita do campo iam para a despensa de Eglom, que ficou até mais gordo à custa do povo que tinha derrotado.

Quando penso naqueles anos, sempre me vem o rosto de minha mãe. Parece que a opressão de Eglom não alterou aquele rosto. Apartada de todo o povo de Beth-Zur, minha mãe não parecia surpreendida com os tempos difíceis. Onde outros sussurravam por trás das mãos, lançavam secretamente maldições sobre todos os moabitas e em especial sobre seu rei, minha mãe parecia até não notar nossas duras condições. Talvez seu coração já estivesse tão dilapidado que as circunstâncias de nosso povo pouca diferença fazia para ela. Seu pesar secreto já era tão pesado que um pouco de fome e de medo não eram o bastante para atrair sua atenção.

Cada dia nascia como o lembrete de uma odiosa obrigação. Por um longo tempo Jashub contou apenas comigo para ajudá-lo a manter o azeite nos vasos e a papa de milho em nossa panela depois de embalar os produtos mais selecionados para os agentes moabitas.

Minha mãe era deixada em casa com uma nora, que ia levando como se nada em sua vida tivesse mudado, e um garoto chorão. Não que eu culpe Raboth; a barriguinha dele havia esquecido o que era estar cheia, como cada barriga em Beth-Zur. E por algum tempo, minha mãe cuidou também de Ishma e Anani. Eu a vi tirar papa de milho de sua própria tigela para fornecer uma porção extra a Raboth. Eu a vi sentada junto ao catre de Ishma, enxugando-lhe a fronte e face quando os terrores noturnos o acometiam.

Ela dava suas caminhadas solitárias ao topo da colina. Falava para o silêncio palavras que ninguém mais podia ouvir. Eu a observava e ficava imaginando.

Imaginava como ela conseguia suportar tanta dor e ainda assim ter olhos para ver a dor alheia. Imaginava qual história ela contava a si mesma para seguir em frente, para ajudá-la a suportar com tanta tranqüilidade quando um dia parecia mais longo que o anterior. Eu imaginava: Qual era a verdade sobre o sofrimento dela? E tentava decidir se realmente queria saber.

Às vezes Gedilah vinha a nossa casa no calor do dia, quando todo mundo na aldeia estava cochilando à sombra. Ela deslizava de lado pela porta, como se tentasse passar debaixo de sua borda sem tocá-la. Algumas vezes apenas sentava-se junto à lareira e peneirava as cinzas frias entre os dedos. Vez por outra sentava-se de olhos fechados, balançando-se para a frente e para trás ao som de uma canção que só ela podia ouvir. De vez em quando começava a falar, e era difícil saber se falava para minha mãe, para alguém mais ao alcance da voz, ou se apenas para si mesma.

— O pai Trapaceiro chegou a um rio — disse ela um dia —, e fez com que ele fosse atravessado por suas esposas e filhos, seus escravos e seu rebanho. Ele esperou até anoitecer, e então se deitou para dormir.

— Do que você está falando? — perguntou Ahuzzah. Ela estava em sua esteira, tentando deitar e debulhar grão-de-bico ao mesmo tempo. Raboth estava afunilado contra a parede, adormecido.

— Mas um homem o agarrou no escuro — continuou a velha — e o pai Trapaceiro lutou com ele. Lutou, mas não pôde superá-lo. Eles lutaram até quase o amanhecer, e quando o estranho viu que não poderia derrotar pai Trapaceiro, ele tocou sua perna e deslocou-lhe a rótula.

Minha mãe estava sentada a um canto, os olhos fixos em Gedilah. Estava despejando leite num odre para fazer queijo. O som era constante. Entrelaçava-se com as palavras de Gedilah, como a batida de um tambor enquanto alguém entoa uma canção. Eu estava deitado no chão de terra batida, descansando do trabalho da manhã, tentando me embeber naquele pequeno frescor remanescente do solo antes de voltar para o calor. Era o terceiro verão da época moabita.

— "Quem é você?" — perguntou o estranho a pai Trapaceiro, que respondeu "Jacó" — pois este é o som de seu nome em nossa antiga língua. "Você não vai mais se chamar Jacó", disse o estranho, "pois você se atracou comigo e com seus irmãos, embora não tenha perecido." A seguir o estranho se foi. E a partir daí pai Trapaceiro passou a coxear de um pé.

Houve um longo silêncio.

— Qual era o nome do estranho? — indagou Ahuzzah. — Você se esqueceu dessa parte. — Minha mãe revirou os olhos.

Mas a velha tinha adormecido.

Naquela noite tive um sonho confuso. Eu estava correndo pelas praias do Mar Salgado, tentando escapar de uma muralha de chamas que me perseguia, impelida pelo vento. Tropecei numa raiz, depois percebi que não era uma raiz, mas a mão de um soldado moabita. Lutei com ele enquanto o fogo rugia e estalava a nossa volta. Ele me derrubou por terra, depois sentou-se sobre meu peito e prendeu meus braços aos flancos. Quis saber meu nome, mas não consegui lembrar. Ele começou a praguejar e me bater, mas mesmo assim não consegui lembrar meu nome. Finalmente, fui capaz de empurrá-lo para o lado e, de repente, vi minha mãe ajoelhada na areia, esfregando o rosto com água do Mar Salgado. Depois o moabita e minha mãe se foram, e o fogo se juntara num só lugar, elevando-se para o céu escuro como uma fogueira de sentinela.

Quando despertei pela manhã, a primeira coisa que vi foi minha mãe, inclinada sobre uma vasilha, lavando o rosto. Por um instante esperei sentir o moabita sobre meu peito, ouvir o riso abafado e o bramido do fogo. Mas então me lembrei de meu nome e soube que estava acordado.

Todo mundo estava desperto. Saí para me aliviar. Quando voltei, minha mãe estava de joelhos ao lado da casa, colocando grãos num almofariz. Depois pegou a mão de almofariz e começou a pilar.

Fiquei observando-a por um momento, depois me aproximei e me sentei de pernas cruzadas no chão em frente a minha mãe. Os olhos dela cintilaram em minha direção, depois se voltaram para a tarefa.

Perguntei-lhe o que sabia do deus do deserto de tanto tempo atrás.

A mão de almofariz diminuiu o ritmo, então parou.

— Não faz tanto tempo assim — disse ela.

— Então por que ninguém lembra?

A mão de almofariz bateu nos grãos-de-bico e nas laterais do almofariz. Ela não disse nada.

Contei-lhe que achava ter sonhado com este deus.

Ela deixou a mão de almofariz cair e segurou o rosto com as mãos. Quando voltou a pilar, estava com os olhos vermelhos e úmidos.

— Ele tomou meu amor, e agora toma meu filho.

— Quem?

Ela sacudiu a cabeça.

— Não vai me contar?

Ela parou de novo o que estava fazendo e olhou para mim. De súbito, eu não queria mais ouvir. Se o simples pensamento neste deus podia trazer tamanha dor a alguém, que sofrera tão silenciosamente quanto minha mãe, achei que era melhor ela não contar nada. Comecei a me levantar.

— Não. Fique.

— Qual é o nome do deus?

— Ele não tem nome.

— Então ele não pode valer grande coisa como um deus.

Ela me deu um tapa. O movimento de sua mão foi rápido e inesperado, como uma cobra dando o bote debaixo da beirada de um penedo. Caí para trás, surpreso.

— Você é um garoto bobo. Não fique falando do que não sabe.

Esfreguei a face e olhei para ela. Ela voltou a pilar, pressionando a mão de almofariz contra os grãos como se fossem um inimigo.

— Não é bom falar assim de um deus — disse ela um momento depois.

Um pensamento despertou em mim.

— O estranho na história que a velha contou... era o deus?

Ela assentiu.

— Gedilah está velha e seu raciocínio anda meio confuso, mas ela se lembra das antigas histórias.

— Por que um deus iria querer se atracar com um homem? Se ele pode deslocar a rótula de um homem com um toque de mão, por que iria perder tempo numa luta corpo a corpo?

A mão de almofariz parou, depois voltou a bater.

— Não sei. Vai ter de descobrir por si mesmo.

Iriam se passar muitos anos até que eu começasse a entender o que ela havia dito, o que havia omitido, e por quê.

Naquela noite esperei até que todos adormecessem, depois me levantei da esteira, saí de casa e subi as escadas para o telhado.

Deitei-me de costas e olhei para as estrelas por um instante, tentando orar para o deus sem nome do deserto. Não podia imaginar como falar a um deus sobre o qual nada sabia. Decidi deitar de bruços e cobrir a cabeça com as mãos para mostrar respeito. Eu ouvira falar que os deuses gostam de saber se você não está escondendo alguma coisa deles caso permaneça com as mãos fechadas. Com o rosto no barro e no lodo batidos do telhado, comecei a orar.

— Não sei por que vieste a mim num sonho de fogo — disse. — Nem mesmo sei com certeza se foste tu a vir, ou se minha mente arrastou algum velho retalho de alguma recordação. Mas, se vieste, por favor dize-me quem és, para que eu possa te invocar.

Permaneci imóvel, ouvindo. Eu nunca tinha ouvido a fala de um deus, portanto não sabia o que esperar. Uma voz das sombras, talvez, como na história de Gedilah. Ou uma voz dentro de minha cabeça, como pensamento. Algum som de poder — trovão em um céu limpo, ou um ruído como a arrebentação do mar nas pedras. O som do vento.

Mas nada aconteceu. Apenas o ruído noturno dos grilos e, bem distante, os uivos dos chacais nas ravinas. A certa altura senti uma leve brisa subir pelas costas e pensei que o deus estava a ponto de falar. Minha boca ficou seca e um formigamento desceu pela nuca. Mas era apenas vento.

Talvez o deus quisesse que eu o desafiasse, brigasse com ele como o pai Trapaceiro. Talvez o deus do deserto fosse como os mercadores amalequitas: a gente tinha de barganhar e provocá-lo com leves insultos para obter uma melhor oferta. Falei:

— És mais forte que a Dama de Moab? Talvez não sejas. A Dama de Moab tomou nossa terra e o povo que pertencia a ti. Talvez ela fique mais gorda do que Eglom com as oferendas de nosso povo e tu sentirás a fome que estamos sentindo agora. Talvez te tornes ainda mais fraco. Talvez ela tome tudo de ti e estarás desgraçado, faminto e completamente esquecido.

Parei de falar e mordi o lábio. Talvez eu tivesse falado demais desta vez. Palavras muito duras para dirigir a um deus, mesmo um deus sem nome. Acho que era a minha própria fome que estava falando. Creio que queria que alguém pagasse pela mão aleijada de Anani, pela vontade mirrada de Ishma. Acho que o tapa de minha mãe ainda estava queimando-me a face, e eu queria um ajuste de contas.

Esperei com o nariz contra o telhado. Ouvia os grilos e os chacais. Não corria nenhuma brisa agora, apenas o silêncio total. Esperei até que minhas mãos ficassem dormentes por mantê-las enlaçadas sobre a nuca.

Pus-me de joelhos. Minhas mãos começaram a despertar; pareciam estar sendo mordidas por mosquitos.

— Se não vais me responder, então não me mandes outros sonhos — falei.

Esperei mais algum tempo, depois voltei para casa. Raboth rolara para longe de sua mãe durante o sono. O pé dele pendia à beira da lareira. Apressei-me a colocá-lo de novo na esteira ao lado de Ahuzzah. Ele deu um pequeno suspiro, apertou os lábios e lançou o braço em torno da barriga da mãe. Ele nunca abria os olhos. Deitei-me e fiquei olhando fixamente para o teto por um tempo. Pouco depois, adormeci. Não sonhei naquela noite nem nas muitas que se seguiram.

CAPÍTULO QUATRO

A MISSÃO

Eu estava com 18 anos no verão em que Eglom mandou seus rufiões para Beth-Zur a fim de reunir uma tropa a ponta de espada. Eles nos forçaram — juntamente com homens de Hebron e Tekoa — a investir contra os homens de Jebus. Aquela cidadela sobre uma colina fora uma pedra no sapato de Eglom desde que ele assentou as ancas gordas em Jericó. O lugar era facilmente defendido e, apesar de todos os esforços, ele não conseguia vencer a resistência ali.

Fizeram-nos marchar para Belém. Colocavam uma cerca em torno de nós, como se fôssemos gado, e nos faziam sair umas poucas vezes para nos instruir nas artes da batalha. Espalhavam-nos entre as tropas amalequitas e amonitas. Não confiavam em nós para nos deixar armados, por isso nos utilizavam como sapeadores. Os instrutores prometiam em nome de seus deuses que, se vacilássemos, nos matariam e a todos que tínhamos deixado em nossas aldeias.

Marchamos sobre Jebus cerca de uma semana depois. A cidade se assenta no alto de uma colina rochosa. Um vale corre abaixo das muralhas; é impossível se aproximar sem ser visto de qualquer lado da cidadela.

A tarefa dos sapeadores era escalar a encosta até a base das muralhas e escavá-las. Tínhamos couro de boi estendidos em estacas que supostamente nos protegeriam das flechas dos defensores acima de nós. Uma vez alcançadas as muralhas, devíamos lançar mão de fogo, picaretas, cunhas, qualquer coisa que pudesse abrir uma brecha nas fortificações. Esperava-se que fizéssemos isso enquanto os jebusitas nos jogavam pedras. Os sapeadores olhavam para a encosta rochosa nas muralhas, depois olhávamos uns para os outros. Não havia fendas, nenhum ângulo oculto que nos protegesse dos defensores enquanto trabalhávamos. Nossas vidas não estavam valendo praticamente nada, e sabíamos disso.

Na manhã seguinte, pouco antes do alvorecer, os sapeadores foram ordenados em grupos e receberam as ferramentas. Fomos escoltados a ponta de lança enquanto nos faziam marchar até o sopé da encosta. Estava um tanto escuro e ficamos lá esperando a ordem de avançar. Embora não estivesse fazendo frio, eu me sentia estremecer. Podia ouvir a respiração do homem a meu lado; soava como o arquejo de um animal ferido.

A ordem chegou e escalamos com os pés e as mãos a encosta pedregosa, parecendo tâmias. Ouvia as flechas dos defensores zumbindo através do ar em torno de minha cabeça e chocalhando no solo. Tínhamos progredido talvez uns dez passos quando o homem que carregava a estaca a meu lado levou uma flechada no olho. Peguei a estaca e segui em frente.

Atrás de nós, a infantaria moabita soltou um grito terrível e investiu. Alguns dos disparos de flechas foram redirecionados para eles, o que possibilitou a meu grupo alcançar a base da muralha. Mesmo assim, as setas se chocavam contra o couro de boi como gaviões atacando a presa. Algumas delas conseguiram perfurar a proteção. Eu sabia que o couro de boi não agüentaria muito tempo.

Calçamos as estacas com pedras e começamos a escavar as muralhas. Não havia florestas para fornecer lenha nas proximidades de Jebus, de modo que o fogo estava fora de cogitação. Cravávamos cunhas em qualquer fenda que encontrávamos e batíamos com as marretas. Escavamos o solo pedregoso com as picaretas.

A infantaria avançava lentamente colina acima, chegando sob uma cobertura de couro e escudos de madeira e tentando ao mesmo tempo revidar o ataque com uma saraivada de flechas a fim de obrigar os defensores a se acautelar. Quando um dos infantes caía, os demais cerravam fileiras em torno dele e continuavam em frente. Na retaguarda da linha avançada eles traziam escadas.

Eu estava agachado à base da muralha, tentando pressionar o corpo contra as pedras, quando vi algo respingar das rochas para nosso abrigo de couro de boi. Chiava e borbulhava no solo. Era piche fervente. Olhei para o alto e vi alguns jebusitas erguendo um caldeirão no parapeito acima de nós.

Gritei para meus companheiros. Apontei para cima e depois para a infantaria moabita. Corri para fora do abrigo de couro tão logo o dilúvio de piche fervente desabou. Ouvi gritos atrás de mim. Flechas batiam contra as rochas enquanto dois ou três dos nossos se esquivavam de um lado para o outro, tentando se proteger.

O homem mais próximo a mim caiu com uma flecha cravada na perna. Arrebatei-o e o carreguei como pude colina abaixo. Meu pé bateu num pedaço solto de argila e caímos. Rolamos aos trambolhões e de alguma forma paramos junto às fileiras de frente da infantaria.

O ataque foi rechaçado; o comandante moabita deu o sinal de retirada. A infantaria recuou colina abaixo e meu companheiro ferido e eu fomos junto. Arranquei a flecha da perna dele enquanto ele mordia um graveto de tamargueira. Limpei e enfaixei o ferimento o melhor que pude. Soube mais tarde que o ferimento se agravara e que o homem tinha morrido.

Depois de, aproximadamente, uma semana de acampamento nas imediações de Jebus, um dos comandantes me chamou. Olhou-me de cima a baixo e assentiu. Disse alguma coisa na preguiçosa e confusa língua moabita para um de seus servos e eles me levaram para outro lugar. Quando cheguei lá, um forte homem do deserto com a cabeça calva me disse que eu iria com ele e mais dois outros numa missão especial.

— Você é pequeno o suficiente para rastejar para dentro do lugar — disse ele. — Mas terei uma flecha apontada para seu traseiro, caso tente bancar o esperto.

Ele me mandou voltar pouco antes do anoitecer.

A lua estava alta no céu quando a noite caiu e tivemos de esperar até que ela declinasse. No escuro, tomamos nosso caminho contornando a orla da ravina abaixo das muralhas da cidade até um lugar no lado oriental da base da encosta. O velho passou uma corda no meu tornozelo para evitar que eu tentasse escapar na escuridão. A colina da fortaleza erguia-se a partir do lugar onde estávamos agachados e as muralhas erguiam se ainda mais alto. Tive de impelir a cabeça para trás para ver as estrelas.

— Existe um veio de água em algum lugar por aqui — sussurrou o velho, apontando colina acima para uma fissura entre algumas pedras grandes e planas. — Se correr até lá, os jebusitas não vão disparar flechas em você. — Ele me deu um sorriso desagradável enquanto desatava a corda do meu tornozelo. Disse-me que eu deveria encontrar a abertura e ver se ela seguia todo o caminho até a cidade. Aí eu deveria voltar e contar a ele. Se trouxesse boas notícias, seria recompensado. — A não ser — continuou — que você prefira entrar e fazer amizade com os jebusitas. Diga-lhes apenas que Eglom o enviou. — Os outros homens zombaram na escuridão. — E se estiver pensando em escapar, pense duas vezes. — Ele recuou, colocou uma flecha no arco e o apontou para o alto da encosta. — Agora vá.

Rastejei de uma cobertura a outra: uma moita de arbustos aqui, um amontoado de pedras ali. Eu estava a uma pedra da abertura quando ouvi um som atrás de mim, como um arquejo alto e repentino. A seguir um rápido fragor de pedras.

Joelhos esmagados contra as omoplatas, colei-me ao chão. Alguém agarrou um punhado do meu cabelo e puxou minha cabeça para trás. Ouvi uma lâmina sendo desembainhada, depois vozes acima da minha cabeça. Estavam falando no abrupto e quebradiço dialeto jebusita, mas acho que compreendi as palavras corda e rapaz.

Fui içado para cima, os braços presos firmemente para trás. Um soldado olhou para mim por um momento, depois acenou com a cabeça para baixo da encosta. Levaram-me para o local de onde eu havia partido. Mais seis soldados estavam lá, e no solo a seus pés jaziam o velho e os outros dois, os talhos nas gargantas esvaziando o sangue deles na poeira. As pernas de um deles ainda se contraíam.

Os jebusitas discutiam entre si. Aquele que me agarrava queria me matar, acho, enquanto o outro, o que eu tinha visto quando fui puxado para cima, se opunha. Ele apontou para meus tornozelos que estavam em carne viva por causa da corda. Ele tirou a flecha da mão do velho e gesticulou com ela.

Um dos homens, um pouco mais alto que os outros, se aproximou de mim. Olhou-me no rosto e agarrou-me o queixo para girar minha cabeça de um lado para o outro. Disse alguma coisa ao homem que ainda me aferrava os braços para trás. Meu captor rosnou e cuspiu, depois me empurrou para longe.

Fizeram-me tirar as roupas para se certificarem de que eu estava desarmado. Quando me vesti de novo, quatro soldados levaram-me colina acima. O alto caminhava a meu lado, segurando-me pela camisa entre as omoplatas. Quando nos acercamos da muralha, um deles gritou uma senha. Um portão se abriu apenas o suficiente para nos deixar entrar na cidadela.

Levaram-me até uma pequena cabana de madeira construída junto à muralha. Puseram-me lá dentro e bateram a porta. Ouvi uma tranca de madeira se encaixando do lado de fora. A cabana era baixa demais para alguém ficar de pé, mesmo para mim. Tateei até um canto e fiquei sobre os tornozelos. Eu não ia sentar; a cabana fedia a urina.

Passado algum tempo, a tranca deslizou e a porta se abriu. Alguém enfiou a cabeça e fez um gesto para que eu o seguisse. Rastejei para fora.

Era o homem alto. Levou-me até um prédio baixo com pequenas janelas fechadas no alto das paredes. Havia uma mesa baixa, com algumas esteiras de palha espalhadas pelo chão. Uma lamparina estava acesa no centro da mesa. Ele apontou para a mesa. Fui até ela, cruzei as pernas e sentei-me. Ele pôs uma tigela à minha frente; estava cheia de lentilhas cozidas. Ele fez um aceno de cabeça e levei as lentilhas à boca como uma abelha esfomeada. Ainda estavam quentes e escaldei os dedos e a língua, mas não dei importância.

Quando terminei ele me passou uma caneca de cerveja aguada. Bebi em rápidos goles e limpei a boca com o dorso da mão. Olhei para ele. Estava sorrindo.

— Eglom mata seu exército de fome desta maneira?

Falava na língua do meu povo. Seria um truque? Mas sua fala nada tinha da agitação e pressa dos jebusitas. Falava como se na sua língua natal.

— Não, somente aqueles recrutados entre o povo de Israel — respondi. — Os moabitas ele alimenta com a gordura dos nossos rebanhos.

Ele estreitou os olhos. Vi os músculos de sua mandíbula se agitando debaixo da barba.

— Então é isso.

Ele me mandou dormir ali e disse que voltaria de manhã para saber mais de Eglom e seus planos.

— Espero que uma noite de descanso e uma barriga cheia de lentilhas não embotem sua memória.

Ele saiu. Quando a porta se fechou, ouvi o trinco deslizar. Tateei a porta silenciosamente, mas estava trancada. O que mais eu podia fazer a não ser deitar numa esteira e dormir?

Pela manhã, o homem alto trouxe-me pão de fermento e água. Depois que eu comi, ele perguntou:

— Há quanto tempo Eglom está obrigando nosso povo a lutar em seu exército?

Olhei interrogativamente para ele.

— Sim, sou de Israel — disse ele, afastando o olhar. — Vim viver entre os jebusitas porque... era mais seguro para mim. — Voltou a me fitar. — Mas por que estou dando satisfações a um prisioneiro? Vamos lá, rapaz. Você deve me contar coisas que meus comandantes querem ouvir.

Contei-lhe dos alistamentos compulsórios em Judá e dos treinamentos no acampamento em Belém. Ele me perguntou sobre as condições em Judá antes que eu fosse levado para o acampamento, e falei sobre a fome, os pesados tributos. Ele apertava o botão do punho da espada enquanto eu falava. Notei que usava a mão esquerda.

— O Senhor dos Exércitos nos trouxe para uma terra ampla — disse ele, em voz baixa —, mas agora somos encerrados como gado porque esquecemos o nome dele. — E olhou fixamente para o tampo da mesa.

— O quê?!

Ele sacudiu a cabeça.

— Eu deveria ser cauteloso no que eu falo para não deixar o que eu penso escapar por entre os lábios. — Deu-me um sorriso forçado. Mandou-me prosseguir, mas uma pergunta me queimava a língua.

— Quem é este "Senhor dos Exércitos"? É o deus do deserto, aquele no fogo e na nuvem de poeira?

— Do que está falando?

— É ele?

Ele me olhou de esguelha.

— Então... nem todo mundo em Israel esqueceu as velhas histórias.

— Não conheço as histórias! Nem sequer sei o nome deste deus que dá as costas a seu povo na hora da necessidade.

Os olhos dele lançaram faíscas e ele pôs a mão no meu peito.

— Tenha cuidado, garoto. Nosso Senhor não deve ser tentado com palavras impensadas. Ele é justo e incensurável. Foi seu povo quem lhe virou as costas.

De repente, o tapa de minha mãe estava de novo queimando-me a face.

— Como veio a saber tanto dos deuses? Virou sacerdote aqui entre os jebusitas?

Ele me fitou.

— Existem lugares em que rapazolas tagarelas são mortos por insultar os homens. Sei aquilo que sei, garoto. E você sabe aquilo que sabe. E isto é o que o está mantendo vivo até o momento. Lembre-se disso.

Eu estava além da cautela, além do medo. Não sei se estava falando para ele, para mim mesmo, ou talvez para o deus sem nome.

— É melhor uma morte rápida aqui do que uma inanição lenta em Beth-Zur.

Ele olhou fixamente para mim.

— É de lá que você vem?

Confirmei.

— Uma vez conheci um homem que passou algum tempo em Beth-Zur. Um amigo. Era assim como você: pronto a falar quando deveria ficar calado. — Ele abriu a boca como se para dizer mais, depois parou e desviou a vista.

Ele se levantou e foi até a porta. Abriu-a para sair, depois virou a cabeça em minha direção.

— Como você se chama?

— Meu nome é Jabez.

Ele ficou parado ali por uns dez segundos. Então saiu.

Mantiveram-me no quarto com as janelas trancadas por vários dias. O homem alto e canhoto retornou e interrogou-me a respeito dos moabitas: quantos homens eu achava que tinha o exército deles, como eram aprovisionados, se Eglom estava com eles, que tipo de armas eu tinha visto no acampamento. Ele sempre vinha sozinho. Trazia-me comida e só começava a perguntar depois que eu terminava de comer. Descobri que se chamava Eude. Ele disse que significava "força".

Eude me agradava muito, especialmente as coisas que dizia sobre o deus do deserto. Pensei sobre sua raiva às minhas palavras. Às vezes isso me deixava triste, em vez de temeroso. Sentia-me como se tivesse perdido alguma coisa.

Após alguns dias, reuni coragem suficiente para perguntar a Eude como era o deus dele. Se era feito de pedra ou de bronze?

— O Mais Elevado não tem imagem — disse ele. — Ele não se parece com nada que qualquer humano já tenha visto. Ele já fez de tudo, mas não se parece com nada.

— Como pode se sacrificar a ele se não tem imagem? Onde fica seu templo?

— Sua Tenda de Reunião fica em Shiloh, em Efrain. Mas o Deus de Israel não vive lá, não de fato. Ele não precisa de nossos sacrifícios. Tudo já é dele. Quando lhe fazemos uma oferenda, não é porque esteja faminto, solitário ou cobiçoso. O sacrifício é por nós, para nos ajudar a lembrar que tudo pertence a ele. Que o povo de Israel é como filhote de passarinho em suas mãos. Ele nos dá tudo. Não precisa de nada.

Às vezes, eu pensava que Eude falava de coisas que não faziam o menor sentido: um deus que não tinha casa e sim uma tenda, que não se parecia com nada, de nada necessitava e que não tinha nome. Um deus sem forma que era mais real que as figuras de pedra, madeira e metal. Um deus cuja mão às vezes castigava, às vezes protegia e confortava. Era difícil de entender.

Vez por outra, no meu catre à noite, quando tudo estava em silêncio, as coisas que ele me dizia ecoavam dentro de minha mente como espadas se chocando. Tentei formular na mente uma prece para este deus. Mas não conseguia pensar num modo de falar com ele.

Um dia perguntei a Eude sobre a luta do lado de fora das muralhas. Ele me fitou com suspeita.

— Tenho amigos — falei. — Gente como eu, que foi levada à força para obedecer a Eglom.

— As perdas deles têm sido pesadas — disse ele, finalmente.

— Jebus cairá?

Ele me respondeu em tom de zombaria.

— Não para aqueles de Eglom.

— Jebus lutará contra Eglom até expulsá-lo para a outra margem do Jordão?

— Uma pergunta estranha para um prisioneiro estar fazendo.

Fiz o sinal de boa sorte e inspirei profundamente.

— Mas uma pergunta que o povo de Israel ainda aguarda ser respondida.

Eude me lançou um olhar penetrante. Depois levantou-se e saiu.

Quando ele voltou, abriu a porta da cela e fez sinal para que eu o seguisse.

— Convenci meu comandante de que você não tenciona prejudicar a cidade — disse ele. — Dei-lhe minha palavra de que você não é amigo de Eglom. — Quando comecei a atravessar a porta, ele me agarrou pelo ombro e aproximou o rosto do meu. — E pagarei com minha vida se estiver errado. É melhor que não me dê nenhum motivo para duvidar de minha avaliação.

Fiz sinal de que entendia e saímos.

Os jebusitas veneravam a manhã e as estrelas noturnas, Shahar e Shalem; eram divindades gêmeas com barbas e gorros pontudos. Havia também muitos santuários na cidade junto de um mais antigo. Chamavam-no "Rei da Retidão". Não consegui entender o suficiente do sotaque deles para saber se era um homem ou um deus.

Descobri que os jebusitas tinham um suprimento de água protegido, e as encostas fortificadas atrás da fortaleza guardavam os campos e celeiros que aprovisionavam a guarnição. Qualquer sítio a este lugar seria longo e difícil.

À noite eu dormia no quarto trancado, mas Eude começou a me dar algumas tarefas. Permitiu-me coletar suas cotas de hortas da cidade e levar sua comida até as muralhas quando estava de serviço. Às vezes deixava-me afiar sua faca de ferro. Mostrou-me como manter a pedra de amolar no ângulo correto, como esfregá-la com azeite e limpá-la com um pano macio antes de enfiá-la de volta na bainha.

Os moabitas faziam incursões pela cidade durante todo o verão. Nos intervalos, havia longos dias de tédio. Eude e seus companheiros, enquanto isso, entretinham o tempo jogando. Alguns iam para o templo das mulheres ou procuravam as meretrizes independentes na praça do mercado. Todos resmungavam por não ter nada para comer senão lentilhas e cerveja aguada. Os intendentes mantinham pulso forte sobre a despensa da cidade, e a fome ainda era uma companhia diária.

Então, quando um ataque era desfechado, o medo crepitava no ar como relâmpago. Embora fosse sempre arrastado à cela e trancado lá quando a confusão começava, eu podia ouvir o barulho, os gritos. Podia ouvir grupos de homens correndo de um lado para outro, berrando ordens. Podia ouvir os gemidos dos feridos e moribundos. Quando o ataque era malsucedido e o tédio voltava, alguns rostos não faziam mais parte das rodas de jogo. Ninguém falava deles, mas todos sabiam.

Eu detestava ficar trancado durante as batalhas. Queria estar nas muralhas ao lado de Eude. Queria ajudá-lo, levar água para ele e os outros homens. A cada vez que acontecia, eu ficava medindo passos pelo quarto vezes sem conta. Temia que Eude morresse e eu não pudesse mais falar com ele. Havia coisas que eu queria saber.

Queria perguntar-lhe por que ele permanecia aqui nesta cidade da colina, com seu povo de língua enrolada, em vez de voltar para o seu lugar. Onde era o seu lugar?

Um dia, quando fui levar suas cotas de alimento, perguntei-lhe de onde procedia.

— De Gilgal, em Benjamin — disse ele. — Meu povo trabalha na pedreiras.

— Por que foi embora?

— Já lhe disse. Não estava seguro.

Como não estaria seguro? Vi o modo como os outros soldados o tratavam. Até mesmo seus comandantes pediam sua opinião quando traçavam planos. Eude tinha a espécie de força que não precisa ser provada. A espécie de força que previne os outros do desafio sem proferir ameaças ou exibir um punho. Que perigo poderia correr um homem assim para ser forçado a deixar o lugar de seu próprio povo e lutar ao lado de estrangeiros?

Olhei para ele e pensei que se eu tivesse aquele tipo de força minha vida teria sido diferente. Teria dado a minha mãe uma razão para fazer alguma outra coisa em vez de chorar. Ela teria sido capaz de varrer para o lado a vergonha com que todos a cobriam. Não podia deixar de pensar que a vergonha dela tinha algo a ver comigo. Com o tipo de força de Eude, eu poderia, talvez, ter sufocado a vergonha. Poderia ter derrubado a cerca erguida em torno de mim e minha mãe. Poderia ter lutado contra isso. Poderia tê-la mandado de volta para o lugar de onde veio.

CAPÍTULO CINCO

A ORAÇÃO

À medida que ia chegando o outono, os ataques moabitas se tornaram mais esporádicos e desanimados. Quando caíram as primeiras chuvas, nossos inimigos se retiraram para seus alojamentos de inverno perto de Jericó. O sítio foi suspenso e a vida em Jebus tornou-se mais fácil.

Ainda assim, eu começava a me entediar de ficar confinado. Comecei a pedir a Eude se não poderia interceder junto a seus comandantes por mim. Disse-lhe que queria voltar para Beth-Zur.

— O que você vai fazer lá?

— Não sei. Mas estou preocupado com minha mãe. Acho que deveria voltar para ela.

— E quanto a seu pai?

— Não tenho pai. — Fiquei surpreso do modo como as palavras me vieram enquanto permanecia de pé ao lado do homem alto que se tornara meu amigo. Tendo vivido por tanto tempo no lugar vazio que deveria ter sido preenchido por um pai, não esperava que a tristeza fosse tão forte como foi naquele momento.

Senti a mão enorme de Eude no meu ombro.

— É duro estar num lugar que não é o nosso — disse ele. — Às vezes, até eu... — Houve um instante de silêncio entre nós. — Talvez você ouça falar de novo de mim — disse ele, finalmente. — Quando chegar a época certa, talvez você possa me ajudar no que tenho de fazer.

— O que você vai fazer?

— Não sei — disse ele, olhando fixamente para um lugar acima de minha cabeça. — E não sei se você será capaz de me ajudar quando eu descobrir.

Não creio que Eude, pelo tom interrogativo, pretendesse me magoar, mas o efeito foi este. Naquele momento, desejei mais do que qualquer outra coisa ser capaz de ajudá-lo. Mas tentei esconder minha mágoa. Forcei um sorriso.

— Pouco sei do ofício de soldado, e nada sei do ofício de cavouqueiro.

Ele sorriu para mim.

— Talvez você saiba mais do que pensa. Veremos.

Passadas mais algumas semanas, ele me disse que conseguira minha soltura. Tinha falado com os supervisores, os próceres da cidade e seus comandantes. Eu estava livre para ir embora.

No dia de minha partida, ele me deu um odre de água e um pacote de pão. E depois me deu sua faca de ferro. Meus olhos se arregalaram quando a entregou a mim.

— É um empréstimo, garoto — disse ele. — Algum dia posso querer esta faca de volta. Mas fique com ela por enquanto.

Ele me acompanhou até o portão que se abriu ao sul.

— Mantenha o sol a sua esquerda pela manhã e siga o espinhaço das colinas — disse ele. — E mantenha-se longe dos moabitas.

Ele ficou parado lá até que a trilha me fez contornar a banqueta das colinas e escondeu Jebus de minha vista.

Levei três dias para caminhar de Jebus a Beth-Zur. Na maior parte do tempo o céu foi de um cinzento empoeirado e chuva garoenta. Na primeira noite consegui encontrar uma caverna para dormir. Na segunda noite abriguei-me em um bosque de ameixeiras; as folhas secas formaram um leito mais macio do que o duro chão argiloso da caverna, mas os galhos secos não impediam tão bem a umidade.

Era estranho pensar que eu desejasse voltar para um lugar que me havia usado como Beth-Zur fizera. Mas o chamado do lar pode ser forte, mesmo quando ele chama com o crocitar de corvo.

Era quase o pôr-do-sol quando me aproximei de Beth-Zur. Decidi subir até a colina de Zur.

Minha mãe estava lá, apertando os tornozelos. Tão logo cheguei ao cimo, a orla do sol mergulhou abaixo da borda da baixa e cinzenta cúpula de nuvens que cobria o céu. De repente, o mundo ficou da cor de uma pétala de rosa. Fiquei aturdido pela beleza. Devo ter feito um som de espanto, porque minha mãe virou-se e me viu parado ali.

— Jabez!

Ela correu até mim e me enlaçou nos braços. Estava chorando. Abracei-a. Os ombros dela pareciam finos e quebradiços sob minhas mãos.

— Pensei que você tivesse sido morto. Quase todos os outros...

— Fiquei detido lá — falei. — Mas agora estou em casa. As coisas vão melhorar.

Ela deu um passo para trás e me olhou no rosto.

— Você mudou.

— Estive em lugares estranhos e ouvi palavras que não entendo — respondi.

Olhei para ela. Também estava mudada: as rugas da fome eram evidentes no rosto dela. As costas estavam mais arqueadas do que eu lembrava. Contra todo o bom senso, eu desejava ver alguma recuperação, algum alívio do fardo que carregara todos aqueles anos, do pesar que nos atava. Mas não consegui. Ela notou que eu a observava e desviou o rosto.

— Vou descer para fazer uns bolinhos de vagem — disse ela. Passou por mim e foi descendo a colina. Eu quis chamá-la de volta. Queria vê-la mais uma vez do modo como me parecera quando se virara para me ver parado atrás dela. Mas era tarde demais. Ela já ia bem distante na trilha. As coisas negras circulavam no ar entre nós, e senti um soluço subindo no peito.

Virei-me em direção ao lugar onde ela estivera. Tudo que restava do sol era uma faixa vermelho-dourada fundindo-se abaixo do horizonte a oeste. O rosado ia se transformando em púrpura. Fui até o local, pus os pés onde os pés dela tinham estado. Olhei para oeste, depois fechei os olhos e ergui o rosto para o céu.

Meu nome era dor, e dor era a cerca que me encerrava. Dor era o esfarrapado céu cinzento acima de todos os meus dias. Mas a glória róseo-dourada do sol se pondo parecia sussurrar algo mais, algo que eu quase podia entender, mas não completamente. Por que eu não podia entender? Com todo o meu ser, eu ansiava por isto.

— Quem é você?

Gritei para o pôr-do-sol, para o céu embotado que pairava acima. Gritei várias vezes, até minha voz ficar rouca. Caí de joelhos e solucei. Abri os olhos. Estendi as mãos na direção do céu, como Raboth pedindo colo.

Foi então que o último e reluzente arco do sol caiu abaixo da crista do mundo. Olhei em volta dos pés e vi algumas pedras. Não sei por que, mas eu queria pôr uma marca ali. Amontoei algumas pedras. Sentei-me sobre os calcanhares e olhei o que havia construído. Era um altar? Um santuário? Como alguém pode construir um santuário para algo que não pode ver, de que nem sequer sabe o nome?

Fiquei agachado lá até anoitecer completamente. Ouvi o trinado de um dos filhos de Tubal, chamando um rebanho em direção a uma ravina próxima. Fiquei de pé e tomei o caminho colina abaixo.

Naquela noite sonhei com Eude. Eu estava sentado com ele num pequeno cômodo. As imagens de Shahar e Shalem também estavam ali, e de alguma maneira Eude e eu estávamos agrilhoados entre elas. Por mais que forcejássemos, estávamos seguramente presos. Gritávamos por socorro, mas ninguém aparecia.

— Ele virou a face — disse Eude. Lágrimas escorriam por seu rosto. Fiquei embaraçado ao ver um homem tão forte chorando como criança. — Ele se esqueceu de nós, porque nos esquecemos dele.

Então o quarto pegou fogo. As chamas eram cor-de-rosa e pude sentir o calor na pele, mas à medida que o fogo chegava mais perto eu não me queimava. Os grilhões se soltaram de mim e de Eude e me vi de pé no topo das muralhas, olhando por sobre a ravina Kidron, para as amplas terras a leste de Jebus. As colinas verdes rolavam abaixo de nós, férteis das chuvas de primavera e florescendo novamente. Os topos das colinas estavam suavemente arredondados, como o ventre de uma mulher grávida. Enquanto olhava, parecia-me que a terra me chamava com a voz de um ser amado.

— Esta é a sua bênção, Jabez — disse Eude, que estava rindo agora. — Ele se lembrou de nós e nos libertou de nossa servidão. — Eu ria também, e a chuva estava caindo sobre nossas cabeças. Olhamos para o céu e rimos enquanto a chuva cor-de-rosa desabava sobre nós. A voz das colinas verdes era como uma canção. Eu queria cantar em resposta.

Despertei e jazi na quietude de todos mais que dormiam, tentando capturar em vão os desvanecidos fiapos de alegria que tivera no sonho. Servidão, depois fogo, depois riso e o gentil chamamento de uma terra abundante. Tudo isto desapareceu na escuridão, e senti uma dor aguda no peito pela perda.

Levantei-me e saí. Caminhei sob as estrelas e pensei em todos os meios em que é possível ferir. Pensei na dor persistente no estômago que acompanha a fome e na dor na garganta que vem com um coração ansioso. Pensei nas lágrimas de minha mãe. Pensei no lugar vazio em mim onde deveria ter estado a bênção de um pai. Observei o circular das estrelas e senti dor como alguém que sente dor de barriga. Havia um vazio que lutava para sair de mim, mas não sabia como liberar aquilo que não era nada. Eu queria contar a alguém, fazer alguém compreender. Queria mais do que qualquer coisa falar na dor dentro de mim e saber que alguém ouvia. Queria falar isto para o fogo em meus sonhos. Queria falar isto para o Mais Elevado, o Ser acima de todo nome.

Meus pés levaram-me à colina de Zur, que escalei na escuridão. Encontrei a pilha de pedras e caí no solo ao lado dela.

— Oh, que me abençoes!

Gritei as palavras na escuridão sob as estrelas, onde estava ajoelhado. Mandei-as para fora de mim, e meu anseio era da cor do pôr-do-sol nas nuvens, a cor de uma rosa.

Como fizera ao pôr-do-sol, elevei os braços para o alto. Como poderia saber que um tal desejo estava em mim? Eu o provocara ou o havia recebido como uma taça vazia recebe o vinho servido de uma ânfora.

Eu queria aumentar meus braços, abraçar a terra e sentir sua amplidão, sua possibilidade. Queria preenchê-la como o nome de um homem bom preenche sua casa, o coração de seus amigos. Eu desejava ardentemente não mais me afligir com o escárnio de uma comunidade, o desdém de um irmão, o pesar inconsolável de uma mãe, um pai que jamais conheci.

— Que me alargue as fronteiras! — pedi ao Deus de Israel. — Na verdade, se estás acima de todos os deuses e homens como diz Eude, deixa-me conhecer tua amplidão. Deixa-me medir os passos do perímetro que me deste, e te abençôo com meus lábios.

Tal pensamento ficou preso em minha garganta. Entre minha própria pobreza e a amplitude do Mais Elevado havia um abismo maior até do que a esperança mais prezada. Era um abismo talhado por nossos próprios pecados, por nosso afastamento do Ser que nos tirara do deserto, por nossa ofensa impensada um ao outro. Senti o canto dos olhos e a face úmidos. Pedi ao Mais Elevado que sua mão estivesse comigo e que tirasse a dor de mim. Pedi-lhe que me deixasse saber apenas uma vez, antes que eu morresse, o que era estar livre da dor do desespero. Supliquei-lhe que tirasse de mim o opróbio sem nome, o anseio impossível e infinito. Havia muitas maneiras de magoar. Havia tantos meios com que podíamos nos ferir mutuamente.

— Que me preserves do mal, de modo que não me sobrevenha aflição!

Estaria falando em voz alta, ou era somente a prece na minha cabeça? Até este dia, não tenho certeza. Mas uma vez pronunciadas as palavras, não havia nada mais em mim. Fiquei mais um instante ao lado das pedras, tentando entender o que acabara de acontecer, mas estava além de mim. Desci a encosta, de volta para casa, e tentei dormir.

Eu sabia que Jashub queria minha faca. Encontrei no leito de um córrego uma pedra lisa, do tamanho de um palmo, que usava para afiar os gumes. Quando trabalhava nela à tardinha, ele me observava com o canto dos olhos. Quando polia a lâmina com azeite, ele olhava para ela do jeito que eu tinha visto homens olharem para uma mulher. Quando percebia que eu estava notando, rapidamente fingia fazer outra coisa. Ele nunca me perguntaria sobre a faca diretamente; já podia ver a resposta em meu rosto. Seria uma desonra para ele, e desonra ainda maior ter sido ignorado. Mas, mesmo assim, ele queria a faca.

A lâmina era quase tão comprida quanto meu antebraço. Passei a carregá-la numa tira às costas, debaixo das roupas. Às vezes era um tanto desconfortável, mas eu sabia que não havia outro lugar onde escondê-la na casa sem que Jashub a encontrasse. Dormia com ela sob o catre.

A opressão de Eglom prosseguira por tantos anos que gerações inteiras nasceram sem jamais terem conhecido uma época de bem-estar. As mulheres amaldiçoavam as patrulhas moabitas cara a cara. Garotinhos escondiam-se atrás de muros e os atingiam com pedras e estrume. Os coletores não apareciam sem pelo menos dez valentões para protegê-los. Os homens escondiam suas colheitas e rebanhos em cisternas secas e cavernas. Eles subiam as colinas à noite, agachando-se em lugares ocultos e tramando rebeliões. Eu poderia ter ido com eles. Minha faca talvez me tivesse sido bem-vinda. Era uma arma a mais para a causa e, a propósito, uma lâmina de ferro. Mas eu nunca fui. Nem Jashub. Ele ficava sentado em casa, olhando fixamente para a fumaça e tentando ignorar a esposa e o filho.

Enquanto estive em Jebus, Ishma e Anani começaram a buscar conforto em um odre de vinho. Com freqüência, ao cair da noite estavam ambos estirados de costas, ressonando para o teto de sua meia-água. Mas uma noite após a ceia encontrei Anani encostado na parede do lado de fora da casa. Ele esfregava a mão direita aleijada com a esquerda e olhava fixamente para o céu.

— Venha sentar-se aqui, Jabez — disse ele, batendo na terra a seu lado.

O convite era assaz incomum para ser recusado. Olhei para ele. Talvez fosse um truque, mas achei que havia um sorriso em seus lábios. Agachei-me ao lado dele.

— Conte-me sobre a guerra — pediu. — Você foi ferido? Matou o seu homem?

Contei-lhe que tinha sido capturado numa missão de espionagem. Contei-lhe que passei a maior parte da campanha em um cômodo trancado dentro da cidadela.

Ele jogou a cabeça para trás e riu. Não foi um som agradável.

— Trancado que nem uma doninha na gaiola, não é? — Ele riu um pouco mais. Limpou o rosto com a mão aleijada. Algo no gesto foi vagamente perturbador. — Vou-lhe contar sobre minha guerra, Jabez — disse ele. A cabeça de Anani se inclinava para trás e os olhos estavam fechados. A voz dele soava baixa e preguiçosa, como um homem numa tarde quente especulando em voz alta quanto tempo levará até a próxima chuva. — Primeiro aprendemos de emboscadas com nossos narizes. O cheiro de mil homens mortos viaja um longo caminho ao vento. Começamos a sentir o cheiro quando estávamos ainda a meio dia do acampamento.

"Os moabitas tomaram toda a nossa comida, claro. Comíamos pequenos animais que capturávamos nas pedras. Às vezes comíamos lagartos e insetos. Os moabitas guarneciam os poços e nascentes, de modo que matávamos a sede com os cactos que cresciam nos desertos. Quando não os encontrávamos, bebíamos o sangue dos animais que capturávamos. Alguns homens tentaram beber a própria urina e morreram."

Ishma, atraído ao som da voz de Anani, veio rastejando da meia-água. Foi até a parede onde Anani estava. Sentou-se sobre os calcanhares e abraçou os joelhos. Ficou balançando para a frente e para trás enquanto o irmão continuava falando.

— Oh, nós éramos corajosos quando fomos para o norte, não éramos, Ishma? — Anani deu um risinho seco e despenteou o cabelo de Ishma. Se Ishma notou, não deu sinal. — Seríamos a mão da vingança sobre Eglom pelo que fez contra nossos parentes. Íamos expulsá-lo para o outro lado do Jordão. — Anani sacudiu a cabeça. — Como fomos tolos.

Ele ergueu a mão direita aleijada.

— Quer saber como isto aconteceu? Quer? Bem, vou contar assim mesmo. Você deve ter pensado que eu fui ferido num combate corpo a corpo, tentando escapar. Provavelmente imaginou que eu estivesse lutando para proteger meus poucos companheiros remanescentes da perseguição dos moabitas. Foi isto o que pensou? — Ele lançou a cabeça para trás e riu. Depois olhou para mim. — Foi um texugo. Eu tentava tirá-lo da toca para comê-lo, e o bicho quase devorou minha mão.

Ele riu de novo e senti os pêlos da nuca se eriçarem.

— Diga-me, meu caro mano Jabez, o que ganhamos com tudo isto? — Ele olhava para mim agora, todos os vestígios de alegria sumidos de seu rosto. Até mesmo a risada desesperançada era melhor do que a expressão que agora ostentava. — Diga-me. O que mudou? Para que perdi minha mão? Para que o Ishma perdeu o juízo? Foi por Beth-Zur? Por liberdade? Por amor ao nosso lar, nossos parentes?

Ele me agarrou pela roupa e lançou o rosto contra o meu. Pude sentir no seu hálito o odor de vinho azedado daquela manhã.

— Tudo em vão. — As palavras saíram num violento sussurro. Senti os perdigotos me atingirem a face. — Nada. Tudo isto nos trouxe... nada.

Retirei a mão dele e me levantei. Anani me olhou fixamente e de novo o riso estranho voltou a seu rosto. Afastei-me. Ishma continuou sentado ao lado dele, balançando-se para a frente e para trás e fitando o vazio.

Logo após a tosquia da primavera, quando Jashub e eu estávamos no mercado negociando sementes de painço, um homem velho e enrugado chegou ao poço na praça da cidade e lavou a sujeira do rosto e das mãos. Rastejava apoiado nas mãos e joelhos, latindo como um cachorro. Ele uivou com a boca voltada para o céu como uma garrafa velha e rachada. Ele disse que a Grande Dama de Moab era uma cadela que havia devorado seus próprios filhotes. “Não existe um deus nos céus que veja o sofrimento de Judá?”, ele perguntou. “O povo pode comer areia? Pode beber o vento sul?” Ele bateu no peito. Poeira voava de sua roupa a cada vez que batia em si mesmo.

Fiquei atento para ver o que Jashub iria fazer; se iria defender o seu deus. Como todo mundo, Jashub observava o velho espalhar poeira, ouvia-o latir, uivar e amaldiçoar a Grande Dama. Como todos, foi cuidar de seus afazeres quando o espetáculo chegou ao fim. Talvez, se a Grande Dama tivesse abençoado mais as nossas oliveiras, Jashub se sentisse até obrigado a dizer alguma coisa.

Em outra ocasião, alguns homens chegaram de Hebron. Usavam mantos de linho que já haviam sido brancos e faixas sujas de pano dourado na altura do peito e ao redor da cintura. Como o velho, permaneceram na praça do mercado, arengando a qualquer um que se dispusesse a ouvi-los.

Disseram que eram filhos da linhagem de Aarão, o Levita, o primeiro sumo sacerdote do deus que trouxe nosso povo do deserto. Disseram que o Ser Supremo ordenara-lhes que se fixassem no meio das cidades de Judá e dissessem ao povo que Moab era a punição enviada por ele. Porque o povo de Judá tinha se esquecido do nome dele e lhe virado as costas em vez de segui-lo, o Ser Supremo os entregara às mãos de Moab, disseram. Após alguns dias, eles partiram para outra cidade. O discurso deles não convenceu ninguém.

Quem poderia dizer? Fiquei pensando naqueles dias. Se cem pessoas em Beth-Zur chamassem ao mesmo tempo pelo Ser Supremo, poríamos um fim à crueldade de Eglom? Mas, ainda assim, às vezes eu achava que um deus poderia ouvir uma voz isolada sussurrando na escuridão. Um deus poderia enviar um sonho de fogo. Eu queria ter esperança, embora estivesse com medo. Imaginei se não era pior ter esperança apenas para conhecer a dor da decepção. Seria melhor sofrer a longa e entorpecedora dor do desespero? Não sabia quando o Ser Supremo agiria. Não sabia se ele levaria em conta uma prece silenciosa. Era difícil demais para eu decidir.

Às vezes acho que o desejo é o único pecado. O desejo por uma mulher fará um homem trair sua esposa, um amigo, talvez até mesmo seu clã. O desejo por terra o fará mentir e matar. O desejo por indulgência fará uma mulher disseminar cancros na alma do seu marido. O desejo por progresso e vida fácil fará um homem esquecer o seu deus. Existe um pequeno deus em cada coração que nos diz que devíamos ter tudo aquilo que quisermos. A voz desse deus é difícil de ignorar, porque está sempre nos dizendo a coisa que mais desejamos ouvir.

Meu irmão Jashub concebia o desejo em seu coração por minha lâmina de ferro. Ele não era um homem mau, não realmente. Mas o deus interior o tinha pelas orelhas e não o soltaria. Eu tinha algo que ele queria, e Jashub poderia jamais tirar tal idéia da cabeça.

Agora é fácil ver como isto começou nele. Deitado no seu catre à noite, com Ahuzzah ressonando em seu ouvido e Raboth agitado no seu sono, ele deve ter pensado na dureza de seus dias. O pai o deixara sem grandes perspectivas, e ele tinha de trabalhar à exaustão em nossos pequenos lotes para manter sua escassa herança, sem qualquer chance de expandi-la. Tinha dois irmãos inúteis e um terceiro que era um estorvo. A esposa, por sua vez, era ranzinza e preguiçosa. A madrasta, que por lei e costume era obrigado a sustentar, atravessava os dias como um poço de lamentações. Uma nuvem pairava sobre sua casa.

E então seu irmão, que era uma vergonha, volta de uma terra estrangeira com uma lâmina do cobiçado metal forjado pelo povo do mar. Uma peça de ferro como aquela poderia ser trocada por terra. Poderia valer um carneiro reprodutor e uma parelha de boas ovelhas.

Ou ele poderia guardá-la em uma bainha no flanco. Poderia andar pela aldeia com a mão apoiada no seu punho e alegrar os olhos dos outros homens. Poderia afiá-la durante a noite e lubrificá-la com azeite. Poderia apreciar o gume da faca na mão, o poder que ela lhe conferia. Um dia, poderia passá-la a seu filho. A lâmina de Jashub.

Se tivesse antevisto a inveja de meu irmão, eu jamais teria aceitado o presente de Eude. Ou pelo menos o teria devolvido a ele bem mais cedo. Todavia não sei mentir; eu próprio não estava imune à magia do ferro em minha mão. Eu caminhava um pouco mais espigado, sabendo que a lâmina se encontrava atada a meu corpo. Sabia que o ferro era valioso. Teria sido melhor levar a lâmina para as colinas e enterrá-la. Teria sido melhor enterrá-la no topo da colina de Zur como uma oferenda ao Ser Supremo.

Do jeito que aconteceu, imagino que a lâmina tornou-se uma espécie de oferenda para ele. Mas na ocasião já era tarde demais para Jashub.

CAPÍTULO SEIS

A LÂMINA

Na primeira noite de lua cheia após o início da colheita a festa começaria. Haveria jarras da primeira prensagem: o azeite leve e claro, sem um traço de cor. Alguém quebraria uma jarra no meio da prensa e a música teria início. Nos dias anteriores a Eglom, todos traziam alguma coisa — um pão de levedo, uma peça de bom queijo, uma jarra de vinho, um pote grande de tâmaras ou uvas secas. Haveria comes e bebes e dança por tanto tempo quanto qualquer um dos homens agüentasse se manter de pé.

Mas nos tempos dos moabitas os festivais da colheita eram dignos de pena. Para começar, ninguém queria exibir sinais de fartura, uma vez que os agentes de Eglom iriam tomar quase tudo.

É difícil festejar quando as pessoas sabem que o suor do rosto e a força dos braços servirão principalmente para alimentar um rei gordo que não se importava com elas. E gente de barriga vazia não move os pés para dançar. Além do mais, é preciso força para matar a fome no coração de um povo derrotado; não resta muito vigor para celebração, nem vontade para sustentá-la.

Mas os festivais continuavam, principalmente por causa do costume. Alguns receavam que os deuses se esquecessem de enviar as chuvas de inverno se não os festejássemos. Outros achavam que festejos desanimados fariam os deuses lamentar ou invejar a alegria que lhes teríamos oferecido se Eglom não nos estivesse matando de fome.

Pensei muitas coisas diferentes sobre o Ser Supremo naqueles dias. Às vezes tinha medo de que ele não se importasse. De vez em quando me convencia de que Eude tinha razão de acreditar que a fase dura era simplesmente uma punição enviada por aquele que nos trouxera do deserto — nós o havíamos esquecido. E — ainda me dói admitir — às vezes eu nem sequer pensava nele, afinal. Vez por outra estávamos ocupados demais com as preocupações da sobrevivência para pensar na vida. A única coisa que sei é que: Mesmo assim, ele estava vindo para ter um lugar em mim, embora eu estivesse inclinado a outras coisas. Ele estava se transformando, desdobrando-se lentamente do nada para alguma coisa em meu coração. Acho que às vezes é este o seu jeito.

Jashub e eu colhemos as azeitonas da estação e as colocamos em cestos. Quando as noites começaram a esfriar, levamos os cestos para as prensas e esperamos os conferentes registrar nossos pesos. O agente moabita ficava olhando por cima dos ombros dos conferentes, com guarda-costas armados por perto. As prensas de azeite eram cortadas na rocha de uma colina de topo achatado no lado sul de Beth-Zur. Na noite do festival, nos reunimos lá como sempre fazíamos. Eu esperava que fosse como nas outras ocasiões antes da chegada dos moabitas: beberíamos um pouco de vinho, depois nos arrastaríamos de volta para nossas casas.

Mas quando o odre de vinho começou a circular, Jashub o agarrou e tomou vários goles generosos.

— Ei, Jashub! Deixe um pouco para nós — disse um dos homens.

Ele limpou a boca com as costas da mão.

— Desculpe, Ebal — retrucou Jashub. — Às vezes um homem precisa se encher de vinho rapidamente.

Alguém trouxe uma flauta pastoril e começou a tocar, lenta e suavemente.

— Não pode tocar uma melodia mais adequada a nossa festa? — disse Jashub. — Que tal alguma coisa mais animada? — Ele se adiantou e bateu palmas para mostrar o ritmo que tinha em mente.

O flautista deu de ombros e recomeçou, com uma melodia dançante. Imediatamente alguns dos homens começaram a bater os pés e a sacudir a cabeça ao compasso da música.

Jashub gritou por mais vinho.

— Pensei que isto fosse uma festa!

Continuei olhando para ele e especulando o que ele estava comemorando que o resto de nós ignorava. Mas os outros homens pareciam dispostos a acompanhá-lo. Por que contrariá-lo na sua felicidade? Muito em breve amanheceria.

Após algum tempo, o vinho começou a fazer efeito sobre membros e línguas. Alguns homens estavam se debruçando na prensa, pegando azeite com as mãos em concha e espalhando na cara uns dos outros. Havia risos e brigas simuladas.

— Quem ficou devendo? — disse Jashub, gritando acima do alarido. — Quem ficou devendo?

Estaria Jashub invocando o ritual das reparações?

— Conferi seus pesos este ano, Jashub — disse um dos homens. — Por acaso você tem uma sacola de ouro escondida em algum lugar fora do alcance de Eglom? — Quando ele mencionou o nome, alguns homens cuspiram. — É por isso que está agindo como um débil mental, fingindo ser rico?

— Devendo. Quem ficou devendo? — Jashub apenas gritou mais alto, como se ninguém o tivesse aparteado.

Quase ninguém mais se lembra do ritual das reparações. Talvez fosse algo que nosso povo tivesse tomado de empréstimo do povo de Canaã, como fizemos com seus deuses. Mas ele era sempre reservado para os dias de fartura, o tempo das vacas gordas. O homem mais velho na festa cobraria algo que lhe era devido por outra pessoa. No espírito da brincadeira, o devedor anunciaria aos outros como ele planejava pagar a obrigação. Geralmente a coisa toda virava uma piada, e o objetivo era ver quem podia pensar no débito mais ridículo ou no mais hilariante esquema de reparação. Era um evento que amadurecia na noite e ia se agitando conforme o vinho continuava a fluir.

— Bem, se ninguém mais está em débito, ouçam-me. — Jashub virou-se e apontou para mim. — Jabez, reclamo reparação de você.

A música parou. Todos me olhavam, aguardando o que eu faria. Observavam Jashub, tentando imaginar o que ele estava pensando. Levantei-me. Num reflexo, arqueei as costas para sentir a pressão da lâmina ao longo da espinha.

— Jabez, reclamo o débito da honra de nosso pai.

Se havia silêncio antes, agora era tudo uma quietude de morte.

— Do que você está falando, meu irmão?

— Não me chame de irmão. — Ele oscilou um pouco enquanto olhava para os rostos circundantes. — Pois você não é meu irmão. Então todo mundo em Beth-Zur não sabe que o coração da minha madrasta foi dado a outro? Não sabe de sua infidelidade, suspeitada porém jamais provada, brotando dela como um mau cheiro desde o dia em que meu pai a trouxe para debaixo de nosso teto?

— Isso é mentira!

— É? Quem faz disso uma mentira? Você? Você nem era nascido no dia em que meu pai espalhou seu cobertor sobre ela, para se consolar após a morte de minha mãe. Você não viu o modo como ela definhou depois que aquele benjamita fugiu, o modo como o pranteou quando recebeu a notícia de sua morte.

À luz dos archotes pude ver os perdigotos em sua barba. Pude ver os olhos dele se revirando como pedras molhadas rolando numa taça. Sabia que ele estava bêbado, mesmo assim não conseguia esfriar o fogo que suas palavras provocavam em minhas veias.

— Você nem era vivo ainda para testemunhar a amargura que ela plantou no coração de meu pai, que só desejava que ela o amasse como uma esposa deveria amar um marido. Você não era nascido. Não poderia ver a maneira lenta como o coração insensível dela o matou.

— Não! — A lâmina estava em minha mão; não soube dizer como apareceu. Apontei-a para o peito dele. — Diga que é mentira, Jashub. Diga aos presentes que é o vinho que está falando, não você. Diga que na sua embriaguez você difamou minha mãe e falsamente manchou a memória de nosso pai. Se não o fizer, cortarei seu coração aí mesmo onde está.

— Ele não era seu pai, garoto. — Jashub soltou as palavras entre os dentes; os dedos dele estavam curvados como garras onde ele permanecia de pé a minha frente. — Você é o fruto de um benjamita que nunca soube o seu nome.

Só quando investi contra ele é que percebi o quanto ele havia representado para mim e para os demais. Ele não estava bêbado. Cada passo de Jashub havia sido planejado. Ele sabia o que queria. E tinha me avaliado de cima a baixo.

Jashub se esquivou de minha estocada e prendeu meu braço numa forte pressão. Bateu meu braço contra o seu joelho duas vezes. Um osso fraturou e gritei: A lâmina caiu retinindo na pedra à beira da prensa.

Caí de joelhos, apoiando o braço inútil. Jashub pegou a lâmina e brandiu-a à luz dos archotes.

— Eis meu pagamento! A reparação justa pela vergonha e má sorte que este inútil sem pai e sua mãe trouxeram para minha casa.

Olhou em volta para o círculo de homens, e um por um desviou a vista.

— Então que a festa continue! — disse Jashub. — Onde está a música? Onde foi parar o vinho?

Ele entoou parte de uma melodia e começou a dançar. Seu calcanhar escorregou numa poça de azeite, provavelmente espalhada pela travessura que fizeram antes. Ele perdeu o equilíbrio e caiu para trás. Bateu os braços e girou, tentando se manter ereto, mas sem soltar a lâmina. Talvez não tivesse podido. Estava debaixo dele quando caiu. Ela atravessou-lhe as costas, logo abaixo da omoplata esquerda. Eu mantinha a lâmina muito afiada e ela matou-o rapidamente, sem um ruído sequer.

Olhei fixamente para o corpo de Jashub na piscina de sangue que rapidamente se espalhava debaixo dele. O sangue era escuro como o luar, quase preto contra a pedra inteiramente branca da prensa.

Alguns dos homens fizeram sinais para afastar os deuses da vingança. Outros se apressaram a sair, tentando chegar em casa antes que a má sorte pudesse enodoá-los.

Um dos próceres da aldeia olhou para mim.

— Você é inocente deste sangue, Jabez. — Ele olhou para os outros e obteve acenos de aprovação. — Jashub procurou isto para si mesmo. Mas... — Apontou para a lâmina que brotava como um caule das costas de meu irmão. — Acho que essa lâmina está enfeitiçada agora. Creio que você demonstraria sabedoria se a levasse de volta para o lugar de onde veio, seja qual for. Ela adquiriu o gosto do sangue da maldição. Voltará a bebê-lo.

Alguns homens foram até o fosso e viraram o corpo de Jashub para o lado. Um deles pôs o pé contra o ombro de Jashub e puxou-o para fora da lâmina. O som foi o de uma foice ceifando trigo. O homem trouxe a lâmina e pousou-a na pedra a meu lado. O sangue de Jashub permanecia nela.

Os caminhos do pesar iam para a frente e para trás, de um lado para outro. Eram como rachaduras na rocha, como ondulações em água parada. Cobriam e protegiam um ao outro, andavam em círculos para fazer novas ondulações imóveis.

Se alguém achou que eu ia me rejubilar com a morte de Jashub, teve uma surpresa. Seu estranho fim não me trouxe alegria, nem mesmo a selvagem alegria de um erro vingado.

Depois de tudo que se seguiu, às vezes imaginava que o Ser Sem Nome havia tido algo a ver com a morte de Jashub. Ele é o Ser Supremo; não pode agir como bem desejar, com um homem ou mil? Mas não gosto de pensar nele tirando a vida de Jashub, que era um homem infeliz, um homem cujas esperanças se haviam frustrado tantas vezes que ele raramente erguia a vista acima do nível rasteiro a que tendia. Seu pecado mais profundo era ressentimento, mas ele tinha muito do que se ressentir. Se foi por isto que o Ser Sem Nome exigiu sua vida, quem é que pode viver?

Embora eu não pudesse ser acusado da morte de Jashub, dificilmente seria visto com bons olhos por meus vizinhos. As pessoas mantinham distância de mim; faziam o sinal contra o mal quando eu me aproximava. Os homens na praça me evitavam sempre que possível. Viravam o rosto quando eu falava. Quando precisava negociar com alguém, a pessoa não me apertava a mão. Creio que achavam que a má sorte poderia passar para eles. Creio que temiam que meu olhar pudesse fazer suas facas pularem de sua empunhadura e os acutilarem.

Porém a aflição mais pesada recaiu sobre minha mãe. As palavras de Jashub na prensa de azeite se espalharam por Beth-

Zur. A revivescência de toda aquela antiga calúnia rasgou as suturas dos ferimentos de minha mãe. Antes, ela estava fraca. Agora estava morrendo. Eu não sabia se morreria em poucos meses ou poucos anos. Mas eu sabia que este era o seu ferimento fatal.

O pior para mim foi que num canto secreto da minha mente eu especulava se Jashub tinha falado a verdade, ou apenas parte dela. O que mais poderia explicar o longo pesar de minha mãe? O que mais poderia justificar as conversas pausadas, os olhares não muito bem ocultos? Eu queria pedir a ela que negasse aquilo, e me odiava por isto.

CAPÍTULO SETE

O FARDO

Minha mãe e eu lavamos o corpo de Jashub e o enrolamos no melhor linho que pudemos produzir. Pusemos um bolo de milhete em sua boca para a longa jornada até o lugar sombrio onde as almas esperam. Eu não acreditava, mesmo então, que o espírito de um homem comesse o mesmo alimento que comemos, mas não queria que ninguém em Beth-Zur dissesse que não havia reverenciado Jashub corretamente.

O pensamento de que a morte de Jashub serviria para despertar Ishma e Anani de seu desespero embotado pelo vinho rapidamente se dissipou. Acho que eu até receberia bem sua raiva. De qualquer forma, eles estavam bêbados demais para nos acompanhar quando levamos Jashub para o túmulo. Tive de pagar alguns homens para nos ajudar a carregar o corpo.

Se os uivos de uma viúva pudessem levar o espírito de um homem para o céu, Jashub teria repousado acima das nuvens. Ahuzzah se debulhou em lágrimas e guinchou na caminhada para as cavernas funerárias nas colinas atrás da aldeia. O rosto estava molhado de lágrimas e secreção nasal. Ela rasgou seu manto. Parava a cada quatro ou cinco passos para pegar um punhado de terra e jogar sobre a cabeça. Caía prostrada no solo e gemia; tínhamos de parar para esperá-la.

Tive pena de Raboth; ele observava a mãe com olhos arregalados e assustados. Já era ruim o bastante ter perdido o pai antes de seu décimo inverno, mas agora acho que ele temia que a mente da mãe tivesse também piorado. Ele carregou o deus atarracado e em forma de caneco do pai. Conservou-o diante de si como uma oferenda ou um escudo. Talvez pensasse que fosse lá o que fosse que fizera seu pai jazer sem vida ali também havia enlouquecido sua mãe. Talvez achasse que viria atrás dele também.

Uma ravina a oeste de Beth-Zur nos levou ao local das cavernas. A trilha nos conduziu ao longo da ravina, e as cavernas de sepultamento espreitavam da pedra esbranquiçada da encosta acima como órbitas de olhos cegos. Subimos a trilha serpenteante até as grutas. Amigos ou familiares dos mortos tinham traçado símbolos divinos do lado de fora de algumas das entradas. Alguns dos desenhos pareciam pretos e incrustados, como se alguém tivesse mergulhado em sangue uma escova ou um talo mastigado e besuntado a pedra com isso. Outros estavam garatujados na pedra. Havia retratos dos falecidos trabalhando, orando ou na cama com seus companheiros. Havia retratos de suas famílias a pranteá-los. Havia retratos dos deuses recebendo as muitas oferendas que os falecidos tinham feito durante suas vidas.

Depositamos o corpo de Jashub numa prateleira de pedra no interior da caverna. Um dos carregadores trouxe um pombo e arrancou-lhe a cabeça. Espargiu o sangue sobre a cabeça e os pés de Jashub. Raboth entregou a imagem do deus para a mãe e Ahuzzah colocou-a sobre o peito de Jashub, chorando e se debulhando em lágrimas o tempo todo. O homem espremeu mais algumas gotas do sangue do pombo na tigela que estava no colo da Grande Dama. Recuamos. Raboth e as mulheres voltaram para casa enquanto os outros homens e eu empilhávamos pedras na abertura para afastar os chacais e cães vadios.

Pensei em Jashub, deitado ali na escuridão, com a Grande Dama sobre o peito. Por dias e noites ficaria ali; o sol iria oscilar para o norte e depois voltar para o sul em sua travessia anual. A lua iria brilhar e se desvanecer incontáveis vezes. E ainda assim ele ficaria ali. Jashub ficaria ali até a carne do peito encovado e dos membros secarem em gravetos enrugados, até os lábios enegrecidos recuarem dos dentes. Ele sorriria o sorriso da morte para o teto da caverna. Talvez a Grande Dama caísse de seu peito e ficasse no chão da caverna, no escuro, e quem é que saberia?

Será que sua alma, seu alento, permaneceria na caverna com o corpo? Seria isso o que o faria prosseguir? Sentar-se-ia na tigela da Grande Dama, como uma oferenda de azeite ou gordura de carne, que fica gelatinosa e se torna rançosa dentro de poucos dias? Que nota ela tomaria disso? Que conforto ela ofereceria a Jashub por todo azeite com que ele a tinha ornado e toda carne que havia depositado na tigela em seu colo?

Será que os deuses se importavam com a morte dos humanos? Imaginei com que uma alma humana se pareceria. Quando morremos, pensei, nossas almas saem através de nossas bocas? Ou dos olhos? Ou elas vazam através de nossos poros, como nosso suor num dia quente? Não consegui pensar numa imagem para minha alma. Não pude pensar em mim mesmo morto, assim como estava Jashub. Meu espírito era tão sem feições e inimaginável para mim como o rosto do Ser Sem Nome. Se eu pudesse saber como ele era, talvez soubesse acerca de minha alma. Talvez ele tivesse as respostas. Talvez ele colecionasse as almas de todos aqueles que morreram, e as conservasse para algum propósito. Tentei rezar ao Ser Supremo uma prece por minha alma e pela alma de Jashub. Não pude pensar em nada para dizer; tudo que vinha à minha mente parecia demasiado ou pouco.

Não sabia como me dirigir a ele. Pensei no meu grito no alto da colina, nas palavras que saltaram de minha mente e saíram de meus lábios mais tarde naquela noite, ao lado da pilha de pedras. As palavras que pareciam vir ao mesmo tempo de mim e de algum outro lugar.

Poderia um deus conhecer um homem assim? Poderia um deus estar tão próximo que seus pensamentos fossem iguais aos próprios pensamentos do homem, embora não fossem os pensamentos do homem? Poderia um deus mover-se no interior de um homem como seu próprio espírito movia-se dentro dele? Poderia um ser tão poderoso estar ao mesmo tempo tão próximo e ser tão desconhecido? Talvez fosse por isto que meu povo havia virado as costas ao Ser Supremo. Talvez meu povo o tivesse subestimado. Este pensamento me deu medo.

Assumi a manutenção da casa, mas não sua liderança. Isso cabia a Anani, que passava os dias planejando como tomar outra bebedeira de vinho e as noites dormindo sob seu efeito. Era fácil de ver que se eu deixasse tudo por conta dele, morreríamos de fome mais rápido do que Eglom poderia desejar. Decidi seguir em frente como se tivesse o direito de fazer o que achasse melhor. Se Anani se importasse o bastante em exercer seu direito de nascença, livrando-se da preguiça, tanto melhor. Mas, até lá, alguém tinha de pensar no sustento da família.

Não sei o que Ahuzzah esperava de mim. Talvez pensasse que eu me desforraria de sua desconfiança em mim, de ter falado mal de mim com Jashub. Metade do tempo ela me olhava como bosta em seu sapato, e na outra metade me vigiava como um ladrão vigia outro.

Disse a ela que não devia se preocupar. Disse que cumpriria com toda a obrigação devida à viúva de um irmão. Disse que protegeria seu filho como se fosse de meu próprio sangue. E por fim disse-lhe que teria de assumir mais tarefas domésticas, já que minha mãe estava ficando mais velha e fraca.

Ela quis saber o que significava "mais". Respondi que ela teria de moer o grão, assar o pão, manter cheios os recipientes de água e cuidar de seu filho até que tivesse idade suficiente para poder ir para os campos comigo. Ela olhou para minha mãe, deitada no catre, e disse que não via por que mãe Libnah não podia fazer o pão.

Acho que deixei a irritação transparecer na voz. Disse-lhe que teria de fazer como eu havia determinado e que, se não havia gostado das tarefas que lhe dera, estava livre para se juntar a Anani, ou a seus pais, pouco se me dava. Ela revirou os olhos e desabou na sua esteira. Mas quando retornei dos campos aquela noite, ela tinha feito o pão. Não vou dizer que estava gostoso, mas era pão.

Depois que os homens de Eglom levaram tudo o que quiseram naquele ano, restou-nos azeite da pior qualidade para nos manter até a próxima colheita, se economizássemos. Minha mãe disse-me que manteria as lamparinas ajustadas e em boa ordem. Achava que era uma tarefa fácil de realizar. Isto e talvez um pouco de limpeza, disse.

Todo mundo em Beth-Zur estava plantando lentilhas naquela época. Um dos homens ouvira dizer que Eglom detestava lentilhas, de modo que ninguém quis plantar nada além disso. O rei ainda assim confiscava as lentilhas para seus soldados e servos, mas sentíamos alguma satisfação em saber que ele não estava enchendo a pança à custa do nosso suor. Ou, se estivesse, pelo menos não estava gostando.

Uma ou duas colheitas depois, Raboth começou a ir para o campo comigo. Por algum tempo, ele atrapalhou mais do que ajudou. Um dia, ele arrancou toda uma fileira de boas plantas antes que eu notasse o que estava fazendo e lhe mostrasse a diferença entre uma lentilha e uma erva daninha. Outra ocasião tive de impedi-lo de caçar um maçarico. Ele estava pisoteando toda a plantação, tentando pular sobre o pássaro de pernas longas, que sempre se mantinha fora de nosso alcance.

Ele, porém, estava disposto a aprender. Depois de um tempo, comecei a achar que ter Raboth por perto não era tão mau. E ele parecia gostar bastante de estar comigo.

A cabeça de Raboth vivia cheia de perguntas assim como o pêlo de um cachorro está cheio de carrapatos. "Tio, por que o cocô de uma cabra é diferente do de uma vaca?" "Tio, como o velho Tubal conseguiu ficar tão rico?" "Tio, para onde vai o sol à noite?" "Tio, por que um burro dorme em pé?"

Ele tinha a curiosidade e a energia de uma doninha, este filho de meu irmão descabelado e queimado de sol. Ele caía perto de mim como uma bola de trapos com pernas, chocava-se contra minhas canelas e saltava para longe, era soprado de volta pelo vento e depois sumia de novo, revolvendo pedras, puxando galhos de árvores e xeretando buracos no chão. Eu não entendia como meu melancólico irmão e sua preguiçosa esposa conseguiram produzir uma coisa assim.

— Tio, você odiava meu pai? — ele um dia me perguntou.

Estávamos colhendo as vagens secas dos pés de lentilhas e jogando-as em cestos. Lancei-lhe um olhar penetrante, mas ele se afastou de mim, ocupado com a fileira onde estava escanchado enquanto colhia.

— Não, eu não odiava seu pai — respondi. — Ele era meu irmão.

— Mamãe me disse que odiava.

— Ela está... enganada.

— Achei que sim.

Ele disse isto com a mesma voz que usaria se eu lhe tivesse pedido para buscar alguma coisa para mim.

— Não importa o que os outros digam, Raboth, não quis causar nenhum dano a seu pai. É uma coisa muito triste querer ferir alguém da própria família.

— Por quê?

— Porque é obrigação do sangue cuidar do próprio sangue. Porque um homem deve ser capaz de confiar naquele que partilha a casa onde ele dorme. Porque aquele que não zela pelo próprio clã é amaldiçoado. Porque... porque os deuses dizem que assim deve ser.

— Que deuses?

Aqueles que este garoto devia estar questionando em vez de a mim.

— Existem muitas coisas sobre os deuses que não compreendo, Raboth.

— Eles são muitos?

— Não sei. Algumas pessoas dizem que sim. Há quem diga que só existe um deus. Ou talvez que este deus seja mais forte do que todos os outros.

— Qual é ele, tio?

Empertiguei-me e olhei para as vagens na mão. Abri uma delas para examinar as lentilhas, seixos de um verde enferrujado num leito encovado.

— Acredito que exista um só deus. Acredito que assim seja. — Joguei as vagens no cesto e agachei-me para continuar o trabalho.

— Como se chama o seu deus?

Ri quando ele perguntou isto. Não sei dizer por quê. Este garoto com voz de cana rachada me crivava de perguntas, atava-as nos meus braços uma após outra, como pedras numa rede, e agora me fazia a pergunta de todas as perguntas, a única pergunta que eu mais gostaria de responder. Talvez eu tivesse rido da grande piada que havia nisto. Talvez tivesse rido para não soluçar.

A velha Gedilah morreu naquele inverno. Minha mãe notou que durante vários dias seguidos nenhuma fumaça saiu do buraco no teto de sua choupana, na trilha pouco abaixo de nossa casa. Fomos até lá, afastamos o arremedo de porta e a encontramos em sua esteira, inteiramente rígida. Tivemos algum trabalho para enfaixar o corpo. Ainda bem que não era verão.

Minha mãe procurou os próceres o pediu-lhes um lugar para sepultá-la. Deram a Gedilah uma fenda rasa na parte mais baixa das cavernas. Nós a colocamos lá e bloqueamos a abertura o melhor que pudemos com pedras. Pensei nas histórias, muitas vezes sem começo nem fim, que ela contava sobre o Ser Sem Nome. Queria saber se isto seria o bastante para que ele a notasse. Queria saber se ele protegeria suas carnes das criaturas noturnas. Aquele não era um túmulo muito bom.

A lâmina de ferro pendia na correia atada a um prego na viga do teto, acima de onde eu estendia minha esteira e dormia. Eu não me preocupava mais em escondê-la. Ninguém mais na casa — de fato, em toda Beth-Zur — tocaria na faca ou olharia para ela. Raboth tinha até medo de me perguntar sobre ela. Eu não sabia o que fazer com ela. Era muito valiosa para ser jogada fora, e perigosa demais para ser guardada. Ela me pressionava como um fardo pesado pressiona os ombros de um homem que esteve caminhando o dia inteiro. Eu sonhava com isto. Às vezes, à noite, eu achava que o sangue de meu irmão pingava dela sobre meu rosto.

Talvez eu tivesse de voltar a Jebus para devolvê-la a Eude. Mas como eu saberia que ele ainda se encontrava lá? Se eu partisse, quem cuidaria de minha mãe e de Raboth? Quem verificaria se Ahuzzah não estaria negligenciando seus afazeres domésticos?

Para escapar de pensamentos inquietantes, dediquei minha atenção ao trabalho. A terra era meu único consolo, e um consolo trabalhoso, adquirido com suor e músculos doloridos ao fim de cada dia. Eu acordava cedo e labutava até que mal podia ver as mãos diante do rosto. Escavava em volta das árvores e desbastava-lhes os galhos. Limpava o campo e revirava o solo com a enxada. Selecionava pedras e as empilhava em volta das orlas de plantação. Na época da estiagem, eu carregava água em baldes de couro das nascentes nas colinas.

Aos poucos, comecei a ver que a produtividade capturava-me a atenção. As árvores tornaram-se mais produtivas. Minha safra de grãos aumentou um pouco de um ano para o outro. Alguns de meus vizinhos começaram a notar. Começaram a observar o que eu estava fazendo. Começaram a falar comigo na praça, em vez de me evitar. Começaram até mesmo a pedir meus conselhos, vez por outra. Trabalho braçal é algo que todas as pessoas do campo entendem e respeitam, não importa o que mais possam pensar de você.

Então, chegou o dia em que tudo começou a mudar ao mesmo tempo. Eu soube disso quando ouvi a voz dele, chamando-me da estrada enquanto enxertava rebentos entre as oliveiras. Já sabia, antes de me virar para vê-lo.

— Jabez! Não vai me cumprimentar? Vim pedir sua ajuda.

Era Eude.

CAPÍTULO OITO

A CONVOCAÇÃO

Ele partira de Jebus três dias antes, Eude disse. Viera direto a Beth-Zur para me ver antes de qualquer outra pessoa. Lancei-lhe um olhar estranho. O que eu tinha de tão importante, perguntei, que o tirava da segurança de Jebus e de suas muralhas fortificadas?

— Esperava que você pudesse me dizer — disse ele. Uma luz estranha brilhava em seus olhos enquanto falava. Senti um rápido arrepio de alerta, ou talvez fosse excitamento.

Fazia frio naquele dia. Entramos em casa. Ishma e Anani estavam deitados junto à lareira. Anani abriu um dos olhos quando entramos.

— Ele trouxe algo para beber?

Eude olhou interrogativamente para mim. Dei de ombros.

Sentamos. Havia mais fios grisalhos em sua barba do que eu me lembrava. Mas ele conservava a mesma estatura elevada, os mesmos ombros fortes. Os olhos dele percorreram o cômodo escuro e enfumaçado. Ahuzzah sentava-se a um canto, ostentando seu habitual mau humor enquanto raspava as sobras queimadas de uma panela. Raboth estava perto dela, olhando para o estranho alto e pensando na primeira dúzia de perguntas que lhe faria tão logo pudesse. Minha mãe jazia em sua esteira de rosto virado para a parede oposta. A manta estava sobre ela. Seus ombros subiam e desciam num ritmo lento e constante.

Eude virou-se para mim.

— O Supremo me chamou para recrutar pessoas em Judá e Benjamin a fim de derrubar a tirania de Eglom — disse ele. Recostou-se e pôs a mão no meu joelho. — Ele ouviu os gritos de seu povo, Jabez. Sua compaixão despertou. É hora.

Pude ver Ahuzzah virando a cabeça, tentando ouvir mas sem dar a entender. Aproximei o rosto do de Eude.

— O que quer dizer? Não vi ninguém fazendo oferendas a ele. Não ouvi ninguém chamando-o na praça do mercado. Como é que sabe disso?

— Porque ele me disse. — A luz voltou a seus olhos, estranha, imponente e vibrante. — Ele é o Todo-poderoso, Jabez. Um homem vira um exército se o Supremo combater com ele.

Eu tinha visto as cerimônias secretas no outono, quando homens bebiam e dançavam frenéticos para atrair a atenção da Grande Dama. Vi o rosto ruborizado pela cerveja condimentada e pela loucura do deus, beijando e abraçando o solo como se fosse uma mulher de cada um deles. Eu os ouvi gritar, ouvi os juramentos que fizeram ao deus; eu os vi jurar pelo sangue de seus filhos de honrar a Grande Dama, alimentá-la e reverenciá-la se ao menos ela desse o fruto de seu ventre mais uma vez.

Mas nunca ouvi nada como o som da voz de Eude. Ele não fazia juramentos, falava todas as palavras com firmeza, ainda que ardessem nele, fizessem seu rosto reluzir como o rosto de um dos filhos do céu. Eu estava com medo e me sentia atraído para ele. Eu era uma mariposa no brilho que provinha dele. Minha boca ficou seca.

— O que você vai fazer? Diga-me e... ajudarei se puder.

Ele agarrou-me o pulso com a mão esquerda.

— Diga aos homens de Beth-Zur para se reunirem num lugar secreto. Deixe-me falar com eles. Deixe-me contar-lhes acerca desta coisa que o Mais Elevado está quase pronto para fazer. Deixe-me chamá-los para o lado dele.

Houve um farfalhar do outro lado do cômodo. Minha mãe estava se sentando, olhando para Eude. Não era adequado uma mulher olhar no rosto de um homem desconhecido. Senti as faces ruborizarem-se de embaraço.

— Você é um benjamita — disse ela. — Percebi seu sotaque.

Eude assentiu. Ele olhou para mim pedindo uma explicação. Não consegui fitá-lo nos olhos.

A caverna onde os homens se reuniam ficava num pequeno desfiladeiro oculto. Caminhando pela ravina, eu às vezes ouvia um crepitar de pedras nos rochedos acima de nós. Eu sabia que se não tivesse sido reconhecido pelos vigias, Eude e eu já teríamos flechas em nossas gargantas.

A entrada estava parcialmente oculta atrás de uma moita de junípero anão, situada de modo que se tinha de saber exatamente onde procurar por ela. Enquanto afastávamos os galhos das árvores, pudemos ver um brilho opaco vindo do fundo da caverna. Uma sombra apartou-se da escuridão enquanto passávamos pelo junípero.

— Este homem está sob a proteção de meu teto, não é inimigo — falei.

O guarda deu um passo para o lado e entramos na caverna.

Cerca de vinte homens sentavam-se, formando um círculo impreciso, em volta de uma única lamparina com três mechas. Alguns dos próceres estavam lá. Um deles falou quando entramos:

— Jabez, você nunca esteve aqui antes. Por que agora? E quem é este forasteiro que traz para nosso meio?

Pude sentir os olhares sobre mim e Eude, avultando-se atrás de mim.

— Vocês todos me conhecem — expliquei. — Sabem que tenho vivido aqui com vocês desde que nasci. Conhecem minha mãe e meu pai.

Observei os olhos deles quando disse isto. Alguns desviaram o olhar.

— Pela maior parte de minha vida, Eglom de Moab manteve o pé em nossos pescoços — continuei. — Já faz vários anos que vocês têm vindo aqui à noite para falar sobre guerra, sobre tomar de volta a liberdade que costumávamos conhecer. Agora eu trouxe este homem para falar com vocês. Ele é hóspede em minha casa. É um combatente de Jebus, uma cidade que não caiu de joelhos a Moab.

Houve um murmurinho.

— Por que deveríamos dar ouvidos a um forasteiro? — disse alguém. O que dá a ele o direito de nos dizer alguma coisa, vir de uma cidade murada sobre uma colina?

— Sou um benjamita — disse Eude, dando um passo a frente. — Meu povo é de Gilgal, quase visível do palácio de verão de Eglom em Jericó. Suportamos o impacto de sua crueldade quando ele atravessou o Jordão. Seus comandantes comeram nossas tâmaras e tiveram prazer com nossas mulheres. Não tenho a menor estima por nada que vem de Moab.

— Bem, pelo menos partilhamos isto — disse um dos próceres em meio ao silêncio. — Mas os exércitos de Eglom estão fortificados. Com o que ele saqueou de nós, obteve carros de guerra, lanças e espadas de ferro. O que foi que mudou, para que devêssemos agora seguir um benjamita contra ele?

Alguns dos homens mais jovens emitiram sons de contrariedade e desviaram a vista. Outros assentiram. Todos se concentraram para ouvir o que Eude diria. Ele esperou, deixando o silêncio ficar cada vez mais pesado. Olhou para eles como um homem avalia um trato de terra.

— O Ser Supremo, o Deus de Abraão, Isaac e Jacó, aquele que trouxe nosso povo através do deserto em fogo e nuvem... ele viu o sofrimento do seu povo nas mãos de Eglom. Ele pôs seu espírito em mim e convocou-me para pôr um fim à opressão moabita. E agora, usando minha voz, ele os convoca e diz: "Voltai para mim, povo de Judá, e curarei vossa terra."

Alguns dos mais velhos ficaram perplexos quando Eude citou os nomes dos antigos; porém a maioria apenas ficou olhando, intrigada.

— Que deus é este, no qual, segundo você diz, deveríamos confiar? — indagou alguém.

— Quem é a Grande Dama de Moab, e o que fez por vocês para que continuassem a confiar nela? — replicou Eude.

Alguns deles fizeram o sinal de proteção cruzando os dedos.

— Foi porque vocês desviaram a atenção para outros deuses que o Ser Supremo admitiu que Eglom os atormentasse por todos estes anos — continuou Eude. — Se a Grande Dama tem ouvidos, se tem alguma força para agir, ela que me ouça agora e me ataque aqui onde estou.

Todos arregalaram os olhos quando ouviram isto. Os mais próximos a ele fugiram em disparada, olhando em volta como se tivessem ouvido um barulho de perigo lá fora na noite.

Eude ficou ali parado a observá-los e começou a sorrir. Depois começou a gargalhar. O som era estranho e assustador na penumbra de um amarelo bruxuleante. Eu temia por Eude, mas também me orgulhava dele. Desejava entoar uma canção guerreira. Queria fazer alguma coisa audaciosa e imediata.

— Homens de Beth-Zur — continuou ele —, eu lhes direi o seguinte: o Ser Supremo punirá Eglom. O rei de Moab morrerá e suas tropas se dispersarão. Quando chegar esse dia, permanecerão comigo e com o Deus de Israel, ou continuarão enfurnados nesta caverna, falando sobre o que deveriam fazer?

A luz nele estava começando a se inflamar nos olhos de alguns dos presentes. Pude vê-los esfregando o cabo de suas lâminas e pensando acerca do que tinham ouvido. Pude ver a convocação de Eude atuando neles, apresentando-os a uma nova e desconhecida esperança.

Nos dias que se seguiram, homens entravam e saíam de nossa casa constantemente. Vinham em duplas ou trios, e queriam conversar com Eude. Alguns vinham de cidades que ficavam a vários dias de distância. Alguns deles tinham sotaques estranhos. Desejavam saber o que Eude sabia da disposição das tropas de Eglom, onde eles poderiam deitar a mão ao armamento. Queriam saber deste deus que Eude assegurara que lutaria por eles contra as hostes de Moab. Até os próceres vieram, finalmente. Ficaram ouvindo Eude e coçando a barba. Olhavam uns para os outros e assentiam.

Comecei a adquirir uma certa notoriedade. O povo finalmente começou a me perguntar sobre o tempo que passei em Jebus: o que eu tinha visto lá, como o povo daquela cidade conduzia a guerra, se eu achava que iriam se juntar à sublevação contra Eglom. Eles me perguntavam a respeito de Eude. Queriam saber se alguma vez eu o vira lutar. Contei-lhes que ele me salvara de um grupo inteiro de homens que queria me matar. Deixei-os pensar nisto como pudessem.

A urgência silenciosa daqueles dias penetrou até mesmo a nuvem de embriaguez na qual viviam Ishma e Anani. Quando os homens vinham se encontrar com Eude, via meus irmãos espreitando da entrada de sua meia-água. Via-os falando um ao outro e olhando para Eude, para mim. Pensei que poderia ser um bom sinal. Achei que eles, finalmente, estavam se decidindo a sair do lugar onde estiveram se escondendo. Eu deveria ter visto o perigo rondando, mas não vi.

Minha mãe observava Eude quando achava que ninguém estava olhando. Sempre que ele se aproximava dela eu notava sua mudança: tornara-se muito atenta. Uma vez, quando ela estava polindo as mechas perto de onde ele estava sentado, vi seus olhos moverem-se alternadamente do trabalho para o rosto dele. Ela sorria consigo mesma, como alguém recordando uma canção favorita de um tempo melhor. Não conseguia me lembrar da última vez em que tinha visto o seu sorriso, e a visão dele agora me encabulava. Se eu soubesse as palavras para detê-la que não rasgassem meu próprio coração, as teria dito. Eu vivia com medo de que alguém notasse o modo como minha mãe olhava para Eude. A velha vergonha voltava a mim, sussurrava palavras de ódio em minha cabeça. *O fruto de um benjamita que nunca soube seu nome...*

Chegou a primavera e certa noite não consegui dormir. Levantei-me da esteira e a lâmina de aço balançou diante de meus olhos em sua tira. Olhei para ela por um longo tempo. Tirei-a da bainha e saí de casa. Subi as escadas para o telhado. Deitei-me de costas e olhei para as estrelas, pensando nos brotos de um verde pálido irrompendo através do solo aquecido do meu campo. As chuvas de inverno tinham sido boas. As oliveiras exibiam muitos cachos de pequenos botões de azeitonas que iriam frutificar nos dias mais longos do verão. Olhei para os cachos de estrelas e pensei nos cachos de brotos de azeitonas, e imaginei se estaria vivo no final do verão para colher os frutos e levá-los para as prensas na encosta.

A guerra estava próxima. Eu não sabia quanto da luta o Ser Supremo assumiria, mas imaginei que uma parte provavelmente recairia sobre os homens de Judá e Benjamin. Não sabia quantas flechas e lâminas dos moabitas o Ser Supremo poderia desviar. Eu confiava em Eude e estava tentando confiar no Ser Supremo, mas ainda não conseguia evitar o pensamento acerca de qual seria a sensação de morrer. Eu tinha a lâmina de ferro pousada a meu lado. Passei a mão pela lâmina e olhei para as estrelas e tentei contá-las. Tentei não sentir medo.

Ouvi passos nas escadas. Era Eude. Ele se aproximou e sentou-se a meu lado.

— Acabei de voltar de uma conversa com alguns dos homens. Sua mãe me disse que você tinha subido.

Ele estava olhando para mim, mas mantive os olhos numa estrela com uma tonalidade avermelhada, pairando baixa no céu a oeste.

— Nunca lhe perguntei... qual é o nome dela?

Senti o peso do pânico baixar subitamente sobre mim.

— Nome de quem?

— Da sua mãe.

— Por que deseja saber?

Ele me fitou, surpreso.

— Minha pergunta não é indelicada, é?

— Não... desculpe. Seu nome é Libnah. Significa...

— Brilho. Eu sei.

Olhei para ele, mas seu rosto estava voltado para o lado. Ficou pensando em algo por longo tempo.

— O que é? — perguntei.

Ele voltou sua atenção para mim.

— Oh... provavelmente nada que signifique algo para você.

Sentamo-nos em silêncio por um tempo. Peguei a lâmina.

— Quando seguir rumo ao norte para Gilgal vai levar consigo esta lâmina? — Passei-a para ele.

— É a que dei para você?

— Sim.

— Não gostou dela?

Lentamente, contei-lhe sobre a morte de meu irmão. Contei-lhe sobre os sonhos, sobre as palavras do prócer aquela noite nas prensas.

— Não a quero mais. Você precisa matar. Estou devolvendo-a.

Ele se sentou calado por um bom tempo. Pegou a lâmina e sopesou-a, sentiu seu equilíbrio, cortou o ar com ela.

— Uma boa lâmina — disse.

— Não cai tão bem na minha mão quanto uma enxada.

— Usará sua enxada de novo contra os moabitas?

— Se for preciso.

Ficou olhando para mim outra vez.

— Você é um bom homem, Jabez. Um homem honesto, que não gosta de injustiça.

A estrela vermelha estava pouco abaixo do feixe de estrelas que simbolizavam Shalem e Shahar, os deuses gêmeos de Jebus.

Estava a ponto de cair abaixo das banquetas das colinas. Sentei-me e olhei para ele.

— Não gostar de cometer injustiça não protege a gente dela.

— Está com medo?

Desviei o olhar dele. Assenti.

— Então você é igual a todo bom soldado que já conheci. — Ele esfregou a lâmina na manga e levantou-a ao brilho das estrelas. — Um homem que vai para a batalha sem medo nas entranhas é um tolo, e provavelmente está prestes a morrer. — Senti a mão dele em meu ombro. — Agora vou descer.

Ele caminhou pelo telhado e desceu as escadas.

— Não consigo dormir com todas estas estrelas me fitando — disse ele. Acenei para ele e deitei-me de novo. A estrela vermelha sumira agora.

Então ouvi o grito estrangulado e os sons de luta. Ouvi o som abafado de um punho atingindo carne. Levantei-me de um salto e corri para as escadas.

Abaixo, num canto da casa, Eude estava lutando entre dois vultos. Os três grunhiam e rosnavam como animais de combate. Um dos atacantes mantinha os braços de Eude presos para trás e o outro tentava alcançá-lo com algum tipo de lâmina. Mas Eude chutava e se debatia, usando o oponente que o aferrava para equilibrar-se enquanto rechaçava o outro com os pés. Havia cortes em suas panturrilhas, mas ele ainda chutava e tentava se livrar.

Desci correndo as escadas, sentindo que a bexiga soltava um fluxo morno pelas pernas abaixo. Arremessei-me às pernas do homem que agarrava Eude, e nós três caímos embolados. Olhei para cima a tempo de ver a lâmina do outro atacante descendo em minha direção. Agarrei seu pulso e afastei a lâmina o suficiente para que não chegasse a meu peito, mas a senti talhar meu braço. Creio ter soltado um grito de dor, mas não lembro com certeza.

Eude conseguiu libertar a mão esquerda e a lâmina de ferro reluziu à luz das estrelas. O homem que o estivera agarrando grunhiu e caiu imóvel. O outro homem saiu correndo no meio da noite, gritando como uma mulher.

Foi então que percebi quem eram os atacantes.

Inclinei-me para o homem no solo. Anani arquejava e segurava o peito, mas o sangue fluía em volta dos dedos como uma torrente. Pus um dos braços sob seu ombro.

— Por que, Anani? Este homem é nosso hóspede. Não lhe causou mal algum.

— Guerra... não vale... nada — disse Anani numa voz que parecia o crocitar de uma gralha. Depois, sua cabeça pendeu e ele morreu.

Encontramos Ishma no dia seguinte, esparramado com o pescoço quebrado no sopé de uma ravina. A mão dele ainda segurava a faca.

CAPÍTULO NOVE

A BATALHA

Mais uma vez, minha mãe e eu preparamos os corpos para o funeral. De novo, fizemos a lenta caminhada até as cavernas. Desta vez, porém, Raboth já tinha idade suficiente para ajudar a carregar os tios. O rosto de Raboth estava sereno quando depositamos Ishma e Anani nos túmulos. Ele não me fez perguntas. Se tivesse feito, eu não saberia responder.

A maior parte da aldeia considerou as mortes mais do que merecidas. Afinal, não haviam atacado o homem que estava se tornando amplamente conhecido como o libertador de nossa terra?

Mas eu não poderia descartá-los com tanta tranqüilidade. Minha mãe também não. Afinal, ela não tinha cuidado deles desde que nasceram, antes que a guerra e o vinho os arruinassem? Observei a tristeza se aprofundar nela, empurrá-la cada vez mais para baixo. Via sua decadência e temi por sua vida.

Um plano tinha emergido. Na época da colheita, quando o tributo era recolhido para ser levado a Eglom em Jericó, Eude assumiria o lugar de um dos próceres, levando a coleta para Beth-Zur. Ele era conhecido demais no território benjamita, informou. Os comandantes moabitas que supervisionavam Benjamin tinham inúmeras razões para se lembrarem dele, disse. Portanto, iria com o comboio de Beth-Zur.

Uma vez que o tributo estivesse a caminho de Jericó, os homens de Beth-Zur e das aldeias próximas seguiriam para as imediações de Gilgal. Iríamos nos movimentar à noite, em pequenos grupos. Iríamos nos reunir ao norte de Gilgal, na orla do território de Efraim, e esperaríamos pelo sinal. Haveria outros combatentes a nos apoiar, Eude disse. Os homens de Benjamin estavam convocados, e mais alguns poucos homens da região sul de Efraim.

"Qual será o sinal?", todos queriam saber. Mas Eude disse que o Ser Supremo ainda não o havia revelado a ele. Quando o fizesse, disse, iríamos saber.

Àquela altura, cada homem em Beth-Zur havia confeccionado uma ou duas armas para si. Foices eram aquecidas ao rubro e ganhavam o formato de espadas rudimentares. Estacas de carvalho e freixo eram aguçadas, as pontas endurecidas no fogo. Pus uma ponta decente em minha picareta e envolvi o cabo com tiras de bronze para fortalecer.

Raboth me seguia por toda parte como um mascote. Não, ele ainda era muito jovem para seguir com os combatentes, eu disse a ele. Não, não usaríamos garotos como espiões, não importa quão bem eles coubessem em pequenos espaços. Não, eu não tencionava ser morto. Tentei ser convincente.

— Tio, eu não sei como cuidar da terra.

Agarrei-o pelos ombros e fitei-o.

— Você não me acompanhou por aí todos estes anos, ficando em meu caminho e me fazendo cem perguntas por dia? Será que não aprendeu nada? Talvez você saiba mais do que pensa. — Tive de sorrir. — Você se sairá bem. A terra lhe dirá o que ela necessita, se você simplesmente prestar atenção. E, de qualquer modo, talvez eu não me ausente por muito tempo.

Ele me agarrou pela cintura e enterrou o rosto no meu manto. Eu o abracei, tentando empurrar de volta as lágrimas que afloraram nos meus olhos.

Os agentes moabitas vieram, conduzindo os rangentes carros de bois que levariam para Jericó os tributos devidos ao gordo

Eglom. Observamos os carros sendo carregados sob o olhar atento dos soldados moabitas, cada um de nós imaginando se em breve estaríamos enfrentando aqueles homens em batalha. Olhei para suas espadas, suas lanças com pontas de ferro e clamei silenciosamente pelo Ser Sem Nome. Esperava que a expedição de Eude fosse fiel. Esperava que o sinal, quando viesse, fosse o correto.

Foi um tempo de despedidas ocultas. Nas casas, à noite, homens abraçavam suas mulheres como se nunca mais fossem abraçá-las de novo. No caminho para o norte, ouvi meus vizinhos falando disso com as vozes embargadas. Um homem iria dobrar uma esquina e ver seus filhos brincando na terra, e de súbito sentiria vontade de chorar. Outro homem se lembraria de que devia a seu vizinho uma medida de grão, indo imediatamente quitar seu débito. Isto não tinha nada a ver com o ritual cômico das reparações. Esta era a negociação séria daqueles que queriam todas as contas acertadas. Quem sabia quais de nós pereceriam e quais iriam voltar?

O calor do auge do verão descia enquanto os últimos carros de bois deixavam Beth-Zur rumo ao norte, Eude com eles. Fiquei contente de saber que nós só viajaríamos à noite. Os céus durante o dia eram tampas de latão sobre o caldeirão da terra.

Mesmo à noite, as rochas conservavam o calor do sol. Mas pelo menos às vezes corria uma brisa.

Marchávamos para o norte através de gargantas e de ravinas, e tentávamos encontrar uma caverna ou alguma vegetação espessa para descansar durante o dia. Nossas armas eram amarradas em panos para não fazer barulho. Bebíamos de fontes e poços no caminho; mantínhamos distância das cidades. Passamos por Etam e fizemos um amplo circuito em torno de Belém, já que ainda havia um acampamento moabita lá. Guardamos boa distância de Jebus à nossa esquerda quando passamos por lá. Esperávamos que os jebusitas se juntassem a nós contra o inimigo comum, uma vez que tivesse início a revolta.

Saímos no território plano ao longo do rio logo a oeste de Beth-hoglah, em Benjamin. Mais uma noite de marcha através de densos bosques e do terreno encharcado do Jordão e estaríamos acima de Gilgal, para as altitudes de Seirah, em Efraim.

Muitos homens chegaram lá antes de nós; ficamos contentes por isto. Eles estavam acampados em cada refugo de cobertura que a terra gretada podia proporcionar. Havia homens em cada caverna, cada buraco nas rochas. Abrigamo-nos em matagais, alguns dormiam em árvores. Estávamos a não mais que meio dia de marcha ao norte de Jericó; até este dia não sei como não fomos percebidos por Eglom, a não ser que o Ser Supremo tivesse espalhado seu manto sobre nós, ocultando-nos dos olhos moabitas. Se nosso acampamento tivesse durado mais que um ou dois dias, por certo eles nos teriam descoberto. Mas isto não aconteceu.

Muitas histórias foram contadas acerca de como Eude entregou Moab em nossas mãos naquele dia. Ouvi homens contarem que Eglom o reconheceu ao vê-lo, que lutaram frente a frente pela manhã antes que Eude fosse capaz de matá-lo. Outros disseram que o fogo do Supremo saiu de Eude, que a espada que ele enterrou na barriga de Eglom estava aquecida ao rubro. Não sei como começaram tais relatos fantasiosos.

A verdade é que Eude apelou para duas coisas a que nenhum rei pode resistir: ouro e as palavras dos deuses. Ele disse a Eglom que conhecia um lugar onde havia ouro enterrado e o rei não quis que ninguém mais soubesse disso. Eude contou-lhe que era um segredo proveniente do Deus Supremo. Reis gostam de ouvir a respeito de deuses. Estão acostumados a notícias importantes de lugares importantes. Eles esperam privilégios especiais. Eude disse que sabia o que Eglom queria ouvir.

Queria saber se os olhos de Eglom estavam sobre Eude quando este o esfaqueou. Conheço aquela lâmina; ela pode matar silenciosamente. Queria saber se o rei emitira algum som enquanto morria.

Eude deixou o rei sangrando no chão de seu palácio e deslizou para fora tão quietamente como faz uma mãe com uma criança adormecida. Ele rumou para o norte, para o lugar onde estávamos esperando, e tocou a trompa de chifres de carneiro. Quando o vimos, não houve qualquer dúvida na mente de nenhum homem de que o sinal chegara.

Ele estava de pé numa enorme rocha perto do centro do acampamento.

— Segui-me, porque o Deus Supremo entregou nas vossas mãos os vossos inimigos, os moabitas — disse ele. O sol estava por trás dele, e a luz dava-lhe uma aura como aquela dos seres celestiais. Ele sacudiu no ar o punho esquerdo, que ainda estava manchado do sangue de Eglom. O braço estava coberto de sangue até o cotovelo. Aclamamos até enrouquecer. O sangue em nossas veias estava quente como o sol.

Descemos apressados das altitudes de Seirah até os vaus do Jordão. As hostes de Moab estavam em completa balbúrdia; talvez o Ser Sem Nome tivesse posto neles um espírito de confusão. Talvez a morte de seu rei os tivesse feito pensar que os deuses os haviam abandonado. Caíram na desordem, como bandidos fugindo à perseguição. Tropeçavam uns nos outros na pressa. No tumulto, eles se cortavam e se feriam. Batiam de cabeça nas pedras ao tentar atravessar o rio. Nós os matamos com pedras arremessadas com fundas, com nossos chuços pontiagudos. Caminhamos entre os mortos e pegamos as armas para usá-las contra seus companheiros. Eles caíram como trigo ceifado diante de nós. Fiquei nauseado da matança.

Alguns acham que tudo se passou num só dia, que ceifamos o exército de Moab como um campo maduro e que foi o fim dele. Matamos um bocado de moabitas naquele primeiro dia, é verdade. Mas havia mais matança a ser feita.

Agora que estou velho, fica mais difícil pensar acerca daqueles dias. Sei que era preciso ser feito, e sei que talvez nunca tivéssemos derrotado os exércitos de Moab se o Ser Supremo não ficasse do nosso lado. Ainda assim, agora entendo melhor quão fácil foi para Ishma e Anani embotarem a mente com bebida. Depois de todos aqueles dias, ainda me entristeço pelas mães e esposas de Moab que nunca viram o retorno de seus entes queridos. Gostaria que tivesse sido de outra maneira. Mas às vezes derramar sangue é a única solução. Não entendo isto, mas acho que deve ser assim.

Tiramos corpos do Jordão durante dias. Havia muitos para enterrar; empilhamos feixes de lenha em volta deles e os incineramos. A fumaça elevou-se negra no céu, como uma oferenda. Imaginei se o seu odor agradaria ao Supremo. Imaginei se a fumaça lhe irritaria os olhos, como irritou os meus.

A dança nas ruas de Jericó continuou por vários dias. Os pobres da cidade foram admitidos no palácio de verão. Eles carregaram todos os perfumes e madeiras preciosas de Eglom, seus móveis embutidos de ébano e marfim e seus finos tecidos.

Encontrei Eude no pátio do palácio de verão, dando instruções a homens de diferentes cidades acerca da redistribuição dos alimentos estocados nos armazéns de Eglom. Eu lhe disse que ia voltar para Beth-Zur com os comboios.

"Voltarei a procurá-lo quando concluir meus assuntos aqui", ele disse.

Respondi que ele sempre seria bem-vindo em minha casa. Despedimo-nos e a multidão se fechou em torno dele. Eu não esperava revê-lo, tantas eram as coisas que Eude tinha para fazer. Estava orgulhoso de tê-lo conhecido.

Levamos os carros de bois para os armazéns e os carregamos com grãos e azeite. Carregamos caixotes de tâmaras e figos secos, alqueires de amêndoas. Quebramos frasquinhos de azeite sobre a cabeça dos bois quando começamos nossa viagem para ao sul de Jericó, de volta às cidades de Judá.

Que caravana foi aquela! Dançamos, rimos e cantamos enquanto caminhávamos ao lado dos laboriosos bois! Em cada cidade ao longo da estrada, mulheres e crianças surgiram para cantar e dançar conosco. Quando chegávamos à cidade natal de qualquer um de nós, descarregávamos grãos, azeite, frutos secos e amêndoas. O povo nos fazia ficar para partilhar uma refeição. Queriam que a gente contasse histórias da batalha, da morte do odiado Eglom, que registrássemos a matança para eles. Os números aumentavam a cada narração, e Eude tornava-se mais poderoso e sagrado. Todos nós crescemos. Tornamo-nos os valentes homens de Gilgal.

Eu não me sentia um homem valente. Só queria voltar para Beth-Zur para ver como estava minha plantação. Queria saber se Raboth havia se lembrado de regar as árvores, se não se esquecera de estocar o grão fora da umidade, se tinha poupado semente para o próximo plantio.

Quando por fim chegamos a Beth-Zur, eu estava completamente farto de celebração. Estava cansado de contar sobre matar moabitas, farto de recontar o discurso de Eude antes da batalha, não suportava mais fazer aquilo soar melhor do que realmente havia sido. Todo mundo sabia que fora minha lâmina que Eude usara para matar o rei, e alguns queriam que eu falasse a respeito.

Eu não queria falar sobre nada daquilo. Só queria voltar para minha casa e minha família, para minha terra e minha vida. Queria tranqüilidade e a chance de descansar. Queria me sentar no topo da colina de Zur ao crepúsculo e pensar em muitas coisas.

Quando vi Raboth ao lado da estrada ele estava chorando. Fui até lá e pus os braços em torno dele.

— O que há, garoto? Voltei, tal como eu disse.

— Não estou chorando por você, tio — disse ele. — É a vovó. Ela está morrendo.

Eu sabia que ela estava morrendo. Estivera morrendo por toda a minha vida, acho, e mais rápido desde aquela noite nas prensas de azeite. Mas ainda estava despreparado para o que vi quando caminhei até a porta de casa.

O corpo de minha mãe era um feixe de gravetos dentro de roupas. Os olhos espreitavam através de túneis. A pele do rosto estava esticada, da cor de sebo velho. Ajoelhei-me ao lado dela e tomei-lhe a mão.

— Mãe, voltei para casa.

— Jabez. — A voz dela era um sussurro quase inaudível. — Um valoroso guerreiro. Como gostaria que seu pai pudesse vê-lo agora. Certamente mudaria de idéia.

Eu não soube o que pensar. Suas palavras me perfuraram como nenhuma lança moabita poderia ter feito. Por um momento terrível, pensei em sacudi-la, forçá-la me contar a verdade sobre meu nascimento antes que fosse para o lugar das sombras e espera. Mas seus olhos fecharam-se. Ela havia se retirado. Somente o leve movimento do seu esterno mostrava que ainda estava viva.

Por todo o restante do dia fiquei sentado ao lado dela, e por toda a noite e o dia seguinte. Permaneci ali durante o tempo em que pude me manter acordado.

As pessoas traziam coisas para a casa: potes de figo e tâmaras dos carros de bois, cestos de grão, odres de vinho, queijos embrulhados em panos de linho. Não via nada disso, e mal ouvia. Meus olhos estavam no rosto dela, meus ouvidos sintonizados apenas com o débil som de sua respiração.

Por favor, não se vá ainda. Por favor, não morra sem me dar sua bênção. Não tive a bênção de meu pai; não me faça viver sem nada senão lembranças de você e pesar pelo que não sei...

Devo ter pegado no sono junto a seu catre. Num momento eu estava segurando-lhe a mão, suplicando silenciosamente, e no seguinte estava de pé no topo da colina de Zur. O sol se punha abaixo de um comprido banco de nuvens, e o mundo estava de novo da cor do centro de uma rosa. Foi então que veio a Voz.

CAPÍTULO DEZ

A BÊNÇÃO

No meu sonho, eu caía até o solo. Chorei pelo mero som que isso fazia, como todos os oceanos e ventos do mundo reunidos dentro de minha cabeça. Eu estava com medo de morrer com o terror daquilo, a beleza daquilo. Sabia que iria morrer. E sabia que seria muito pior que a morte, e até mais ouvir o que agora ouvi. Estiquei-me no solo como um homem derrotado. Esperei pelo golpe que me destruiria, assim como o amor incondicional, o comovente poder da fala arrebatado da minha alma.

Eu me lembrei de você.

As palavras eram como brasas em meus ouvidos. Lembrou-se de mim? Pelo quê? Não havia nada em mim que valesse a pena ser recordado, nada que merecesse sequer o menor cantinho da glória que agora fluía de mim como um rio de ouro derretido.

Você não será esquecido. Não mais será conhecido como "Dor". Seu nome será uma bênção para muitos, para gerações ainda não nascidas.

Existe nas línguas dos homens uma canção que seja vergonha e glória em partes iguais? Se existir, é esta canção que agora irrompe dentro de minha alma. Que eu, que nunca conheci meu pai ou o amor de meus irmãos, deveria ser lembrado por aqueles ainda por vir, e mais lembrado amavelmente — era demais. Não conseguia compreender isto.

Ouvi sua prece, os pedidos que pôs diante de mim. Levante-se agora, e veja como farei o que você me pediu.

A glória me deixou. No sonho, deitei na encosta e solucei, não sei por quanto tempo. Meu rosto estava molhado de lágrimas, estava incrustado de poeira. Rolei de costas e cobri o rosto com as mãos. Estava chorando de alegria do que tinha ouvido. Estava chorando porque a chocante beleza havia ido embora de mim, e pensei que ia morrer de vazio.

Alguém sacudia meu ombro. Abri os olhos e vi não o céu acima da colina de Zur, mas sim Ahuzzah, inclinada sobre mim. Percebia-se uma certa ansiedade no rosto de Ahuzzah.

— Alguém está aqui para ver você — disse ela.

Limpei o rosto e sentei-me. Eude estava de pé distante de mim. Pisquei para ele. Olhei para minha mãe. Imóvel, seu peito subia e descia em movimentos curtos e quebrados.

Eude estendeu a mão para mim. Levantei-me.

— Vamos caminhar lá fora — disse ele.

— Mais uma vez você chegou aqui inesperadamente — falei quando passamos pela porta.

— Mais uma vez vim procurar você — replicou ele. — Devo-lhe agradecimentos.

— Pelo quê?

— Por me levar até os homens deste lugar. A derrocada de Eglom começou aqui, em Beth-Zur.

Dei de ombros.

— Foi muito pouco a fazer.

— Mas desse pouco o Ser Supremo às vezes faz muito.

O sonho. A voz. A bênção...

A mão de Eude estava no meu braço.

— O que é isso?

Inspirei fundo.

— Um sonho que tive.

— Quando cheguei você estava dormindo. A mulher disse que esteve dormindo por um dia e uma noite. Disse que você gritava e chamava de modo estranho. Eu mesmo o ouvi, pouco antes de ser despertado.

— Um dia e uma noite?

Ele assentiu.

Olhei para o oeste, na direção do cume da colina de Zur.

— Sonhei com o Ser Supremo.

Ele me fitou por um longo momento, depois assentiu.

— Sim. Vejo-o em você.

Houve uma pausa, depois ele disse:

— Sinto muito sobre sua mãe.

— Ela ficou doente quando voltei de Jericó.

— Sim, eu sei, a mulher me disse.

Caminhamos alguns passos.

Ele parou e ficou olhando fixamente à distância.

— O que há de errado?

Ele olhou para mim.

— Jabez, eu... Tem uma coisa que devo lhe contar. Você me disse uma vez em Jebus que não tinha pai. O quanto sabe da vida de sua mãe... antes?

Algo parecido com medo pinicou na minha nuca. Não consegui falar.

— Deixe-me lhe contar uma história — disse ele. Pôs um braço em volta do meu ombro e caminhamos, contornando a casa enquanto o dia se fundia com a tarde, e continuando enquanto sua voz abria uma trilha para o passado, para lugares que eu não tinha certeza se queria ir.

Havia um homem de Benjamin, ele contou, que estava sempre metido em encrenca. Ele era esquentado e sem papas na língua e com freqüência estava no lugar errado na hora errada. Por tudo isto, continuou Eude, ele era um bom amigo, e também leal. Ele podia magoar com suas palavras, mas era rápido em arrepender-se, extravagante em suas desculpas. Ele se tornou inimigo de pessoas más, e descobriu que era mais fácil deixar o território de Benjamin do que vigiar constantemente sua retaguarda. Ele viajou para o sul, até Judá. Viajou até chegar a uma pequena aldeia nas colinas, um lugar chamado Beth-Zur.

— Talvez você já tenha ouvido falar do amor que às vezes acontece entre um homem e uma mulher — disse Eude. — Algumas vezes, quando os olhos de duas pessoas se encontram, é como se já tivessem se conhecido, como se estivessem encontrando a outra metade de si mesmas. O patriarca Jacó conheceu tal amor por Raquel, é o que se diz. As histórias dizem que ele estava tão movido de amor por ela que erigiu um pesado poço de pedra de modo que os rebanhos dela pudessem fazer uso dele. Dizem que alardeava para todos a beleza dela.

Um amor assim, Eude me disse, caiu do céu azul sobre este benjamita e uma jovem mulher de Beth-Zur. Mas a mulher estava prometida a outro. Seu nome era Libnah.

O benjamita sabia que era pecado olhar para uma mulher prometida a outro, Eude disse. Sabia que era errado falar com ela. A cada noite antes de dormir ele prometia a si mesmo e ao Ser Supremo que iria embora no dia seguinte e não voltaria mais. Mas a cada manhã ele ia até o poço e a esperava chegar para buscar água. A cada manhã ela o via, via o amor nos olhos dele. Ele percebia o modo como ela olhava para ele, e ele sabia. Ambos sabiam. E ambos sabiam que isto jamais poderia acontecer.

No dia em que ela foi para a casa de seu marido, ele partiu de Beth-Zur. Ele sentia-se tal qual um homem que perdeu um braço. Sentia-se como se a alegria tivesse sido drenada dele e substituída por salmoura. Jurou nunca mais olhar para outra mulher. Jurou procurar a morte em vez de abraçar alguém que nunca poderia amar.

— Pois ele tinha dado a ela seu coração, Jabez. Nunca poderia obtê-lo de volta.

O benjamita viajou por toda Judá. Nas suas viagens, ele cruzava as trilhas com um velho amigo de casa, outro benjamita que tinha ido para outros lugares. Os dois viajaram juntos por algum tempo. Eles viveram aventuras. Mas alguma coisa se foi do primeiro homem, Eude disse. Uma luz se extinguiu dentro dele. Contou a seu amigo sobre a mulher que tinha visto em Beth-Zur, a mulher cujo nome significava “Brilho”.

— Ele começou a assumir riscos cada vez maiores — continuou Eude. — Começou a gabar-se impensadamente, depois assumiu riscos terríveis para tornar plausíveis suas gabolices. Brigava mais, bebia mais. Procurava encrenca. E então, um dia... você pode adivinhar.

Ficamos sentados por um longo tempo quando ele parou de falar. A lua estava nascendo, um melão cor de laranja no horizonte oriental

— Então você acha que a Libnah da sua história é a mulher deitada nesta casa no seu leito de morte?

Ele deu de ombros.

— Dei-lhe uma história. Você tem de decidir o que fazer com ela.

Olhei para ele. Os olhos de Eude estavam tristes, como os de alguém que olha para uma longa e estreita passagem e sabe que deve percorrê-la, queira ou não.

— Amanhã partirei para Gilgal — disse ele. — Mas talvez eu volte a Beth-Zur.

— Talvez eu vá para Gilgal — respondi. — Quem sabe?

Voltamos para casa. Os olhos de minha mãe estavam abertos. Ahuzzah olhou para mim de sua esteira.

— Ela esteve chamando você.

— Eu estava aqui fora — falei. — Por que você não...

— Você não. — disse Ahuzzah e acenou na direção de Eude. — Ele.

Eude se ajoelhou ao lado de minha mãe. Pôs uma das mãos em seu rosto.

— É você, Libnah? — disse ele no tom mais terno que eu já o ouvira usar.

Os olhos dela tremeram, mas se contiveram.

— O benjamita — disse numa voz que era o sussurro das asas de uma mariposa. — Você... me faz lembrar dele.

— Ele morreu de amor por você, em vez de desonrá-la — disse Eude. — Isto é uma coisa que nem toda mulher pode ter.

— Não. Nem toda mulher. — Achei que ela tentava sorrir. Seus lábios se moveram.

Eude me chamou.

— Ela quer falar com você — disse.

Pus o ouvido junto a seus lábios, esforçando cada fibra para poder captar o débil som de suas palavras.

— Você nasceu em dor — disse ela —, mas não em vergonha.

— Sim, mãe. Eu sei. Entendo.

— No dia em que você nasceu, contaram-me da morte do meu amado. Por causa disso lhe dei esse nome. Amaldiçoei você com a minha dor. Sinto muito.

— Não fale, mãe. Está tudo bem. É...

— Paz, meu filho. Paz...

A última palavra saiu com o último sopro de sua respiração. Ela se foi. Coloquei a ponta dos dedos nas suas pálpebras e fechei-as. Atrás de mim ouvi um débil soluço. Era Raboth. Abri os braços para ele, que se apressou até mim e nos abraçamos. Choramos. O que mais havia a fazer?

EPÍLOGO

Às vezes acho que toda a minha vida é a que veio depois.

Os dias em Beth-Zur foram muito diferentes depois disso — pelo menos, o foram por um longo tempo. Tivemos paz por muitos anos. Raboth e eu lavrávamos nossa terra e cuidávamos de nossas oliveiras. Com o tempo ele se tornou melhor agricultor do que eu. Nunca nos faltou alimento e ainda havia sobras para comercializar. Ahuzzah nunca se tornou habilidosa nos dotes culinários, mas estávamos sempre de estômago cheio. Acho que, à maneira dela, Ahuzzah passou até a me tolerar.

Casei-me com Maacah, filha de Jachin, um homem de Tekoa, pouco além das colinas a leste de Beth-Zur. Pensar nisto ainda me faz sorrir. Eu estava em Tekoa para comprar uma cabra leiteira. Foi uma caminhada sedenta, subindo e descendo por entre os penhascos das terras altas, e meu primeiro pensamento ao chegar a Tekoa foi encontrar o poço. E foi lá que vi Maacah, pegando água para sua mãe. Fui capturado como mosca numa teia. Lembro-me de ter pensado que certamente o Supremo me enviara para Tekoa aquele dia, tal qual mandara o patriarca Jacó para o poço de seu parente. Não precisei remover uma rocha por causa dela, mas bem que tentaria.

Naqueles dias, era considerado uma boa coisa casar uma filha com alguém que havia combatido às margens do Jordão. Sei que foi uma boa coisa para mim; à época eu mal tinha o suficiente para nosso sustento, mas o pai dela viu o amor em minha face e se contentou com isto, acho. Maacah, deu-me dois filhos e uma filha.

Não digo que Maacah e eu temos o tipo de amor que minha mãe sentiu pelo benjamita, mas para nós o amor que sentimos parece bom de fato. Cuidamos um do outro durante os anos bons e naqueles de vacas magras. Ainda me agrada olhar para ela, muito embora sua face esteja enrugada e seu cabelo não seja mais tão reluzente e espesso como no dia de nosso casamento. Acho que ela ainda extrai algum prazer com o toque de minha mão na sua face.

Alguns anos depois morreu o proprietário da terra adjacente à nossa. Seu nome era Zoheth e não tinha herdeiros. Ajudei a preparar seu corpo para o funeral e, com a ajuda de alguns vizinhos, transportei-o para as cavernas. Quando os próceres tiraram a sorte para ver quem receberia os seus bens, fui o ganhador. Raboth e eu subitamente nos vimos com outro campo, bem como uma boa mula para puxar o arado. No dia em que soube disso, subi ao topo da colina de Zur e me prostrei diante do Ser Supremo.

Raboth e eu decidimos que ele ficaria com o campo de Zoeth para plantar para si mesmo. O campo ficava ao longo de um riacho que só tinha água no inverno e início da primavera; era mais plano do que a terra que já tínhamos e muito menos pedregoso. Raboth semeou cevada e painço e em anos recentes plantou um vinhedo nas partes mais bem drenadas. Ele imaginou um meio de estocar parte do escoamento de inverno do riacho e usá-la para a irrigação de verão; os homens costumavam vir de lugares tão distantes quanto Hebron para descobrir o que ele tinha feito. Houve uns poucos anos de seca em que nossos campos produziram tanto quanto toda a safra reunida dos demais. Senti tanto orgulho de Raboth quanto um pai sente por um filho, observando-o explicar sua invenção para aqueles que viajavam para vê-la. E a liberalidade extra de nossos campos nos permitia ajudar muitos que, não fosse isto, estariam passando fome.

Os filhos de Raboth ainda aram a terra, embora com o passar dos anos nossos campos tivessem crescido muito além daquele pequeno começo. Eles são bons garotos. Ainda pedem meu conselho de tempos em tempos, mas creio que só o fazem para me alegrar; o pai deles poderia ensinar-lhes melhor do que eu jamais saberia. Mas não me importa. Uma de minhas principais alegrias é ir lá durante a colheita e ver Raboth e seus filhos trabalhando lado a lado com meus filhos e os filhos deles, meus netos. Observar seus braços fortes erguerem e baixarem as foices, ouvindo seus risos enquanto trabalham é tão bom para mim quanto um banquete de carneiro suculento e favos de mel. Quando os rapazes vêm até onde estou sentado e me abraçam, a umidade do seu suor honesto é como ser ungido por azeite da melhor qualidade.

Uma ou duas vezes caminhei sozinho pelos campos quando as chuvas da primavera estavam caindo. Deixava a água escorrer pelo rosto e erguia os olhos para as verdes colinas além de nossos campos, e inspirava profundamente o bom cheiro do solo sob a chuva. Agrada-me imaginar Eude rindo comigo, como ele fez em meu sonho tanto tempo atrás. Imagino ouvir o eco de uma canção.

Vejo alguns dos homens mais jovens na cidade queimando incenso no poste de Asherah e à beira da estrada. Isto não é bom. O Ser Sem Nome não admite rivais, digo a eles, que sorriem para mim e agradecem minhas palavras. Às vezes me dão um pote de figos ou uvas, deixando-me sem jeito. Não necessito de seus favores. Só desejo que me dêem ouvidos. Talvez alguns deles me ouçam o suficiente para que as velhas histórias permaneçam vivas, espero.

Na época em que nasceu nosso terceiro filho teve início uma pequena encrenca com o povo do mar. Estavam expandindo as planícies ao lado do Grande Mar, e alguns de seus nobres começaram a ver os vales montanhosos como um bom lugar para estender suas fronteiras. Até então, eles não tinham vindo tão a leste. Acho que haverá mais combate com eles, mas creio que não viverei tempo suficiente para testemunhar. Rezo por meus filhos e meus netos; eles podem atravessar tempos duros. Talvez o Supremo crie outro homem forte como Eude para salvar seu povo. Talvez seja também um benjamita, quem sabe?

Estou mais velho que a maioria do povo que permanece em Beth-Zur. A maioria das mulheres, que evitava minha mãe e a mim no poço há anos, dormia nas cavernas. Todos os homens que ouviram as palavras de ódio de meu irmão nas prensas de azeite já tinham morrido há muito tempo. Agora sou um dos próceres. Os homens mais jovens me procuram para arbitrar disputas ou buscar conhecimento. Às vezes os homens vêm me perguntar que dote devem enviar com suas filhas.

Alguns dos mais velhos se recordam de mim como o amigo de Eude, aquele que nos livrou dos moabitas. Não creio que tenha sido mero acaso eu ter sido levado a Jebuz naquela noite há tanto tempo, como também não o foi o fato de o soldado alto e canhoto deter a mão que cortaria minha garganta. Rapazes aparecem para ouvir as histórias dos velhos dias. Alguns deles ainda se recordam da história de Eude. Perguntam sobre a faca, e tenho de dizer-lhes com uma risada que não sei que fim levou aquela lâmina. Provavelmente está pendurada na casa do avô de alguém que vive em Jericó. Mas conto a eles sobre Eude, sobre suas pernas longas e ombros largos. E sobre a palavra que veio a ele do Ser Supremo. Quando eles permitem, eu tento omitir os morticínios. Não é a parte que gosto de contar. Mães trazem seus recém-nascidos para que eu os abençoe; é a coisa que mais aprecio.

A despeito de todas as minhas experiências, porém, ainda penso naquele pôr-do-sol no topo da colina de Zur. Minha pequena pilha de pedras continua lá; eu a conservei por todos esses anos. Às vezes vou lá e penso na minha mãe e no seu coração partido. Outras vezes vou lá quando estou sentindo a tristeza da lembrança de Jashub, ou quando quero pensar nas muitas alegrias que eu e Maacah tivemos durante todos esses anos juntos. Porém, mais freqüentemente, vou lá para pensar em tudo que o Ser Supremo fez por mim. De certo modo, acho que é tudo a mesma coisa.

Percebo agora que, tanto quanto ansiei por conhecê-lo, realmente não conheço o Ser para o qual orei naquela noite. E muito embora meus ombros estejam vergados pela idade e minha cabeça esteja quase calva, acho que realmente não o conheço. Talvez nenhum homem o conheça, não do modo como um homem pode conhecer os amigos ou a família. Ele está além do conhecimento.

Mas ele me conhece. E isto fez a diferença.

Sou um dos velhos, um dos bravos remanescentes de Gilgal. Meus amigos em Beth-Zur me olham e vêem longos anos e longas lembranças.

Mas quando olho para mim mesmo, ainda vejo o jovem, pouco mais que um menino, que ansiava mais do que qualquer coisa por conhecer seu lugar no mundo. Vejo o garoto que conheceu as lágrimas de sua mãe, mas não o seu sorriso. Vejo o garoto, surpreso pela beleza de um pôr-do-sol, que pedia à grande e terrível Beleza algo que nem sequer podia entender.

Talvez seja bom não compreender algumas coisas. Se perguntássemos apenas por aquilo que entendêssemos, acho que nossas vidas seriam muito mais pobres do que elas são. Às vezes ganhamos muito mais do que estamos esperando.

Assim foi comigo.

Esta é uma obra de ficção histórica baseada em Juízes 3:12-15, 17:6 e I Crônicas 4:9-10. A Bíblia não nos dá a trajetória completa da vida de Jabez, nem da vida de outras figuras bíblicas que se desdobram nestas páginas. Embora uma licença artística tenha sido providenciada onde eventos, diálogos e personagens adicionais estão envolvidos, foi feito o maior esforço para manter a grandeza bíblica e histórica.

Este livro foi composto na tipologia Aldine,
em corpo 11/16, impresso em papel
Chamois fine 80g/m^2 no Sistema Cameron
da Divisão Gráfica da Distribuidora Record.